理想国译丛序

"如果没有翻译,"批评家乔治·斯坦纳(George Steiner)曾写道,"我们无异于住在彼此沉默、言语不通的省份。"而作家安东尼·伯吉斯(Anthony Burgess)回应说,"翻译不仅仅是言词之事,它让整个文化变得可以理解。"

这两句话或许比任何复杂的阐述都更清晰地定义了理想国译丛的初衷。

自从严复与林琴南缔造中国近代翻译传统以来,译介就被两种趋势支配。

它是开放的,中国必须向外部学习;它又有某种封闭性,被一种强烈的功利主义所影响。严复期望赫伯特·斯宾塞、孟德斯鸠的思想能帮助中国获得富强之道,林琴南则希望茶花女的故事能改变国人的情感世界。他人的思想与故事,必须以我们期待的视角来呈现。

在很大程度上,这套译丛仍延续着这个传统。此刻的中国与一个世纪前不同,但她仍面临诸多崭新的挑战。我们迫切需要他人的经验来帮助我们应对难题,保持思想的开放性是面对复杂与高速变化的时代的唯一方案。但更重要的是,我们希望保持一种非功利的兴趣:对世界的丰富性、复杂性本身充满兴趣,真诚地渴望理解他人的经验。

[英]保罗·科利尔 著　吴遥 译

战争、枪炮与选票

PAUL COLLIER

WARS, GUNS AND VOTES:
DEMOCRACY IN DANGEROUS PLACES

南京大学出版社

WARS, GUNS AND VOTES
Copyright © 2010, Paul Collier
All rights reserved

江苏省版权局著作权合同登记 图字：10-2017-557号

图书在版编目(CIP)数据

战争、枪炮与选票 /(英)保罗·科利尔著；吴遥译.
—南京：南京大学出版社，2018.1
书名原文：Wars, Guns and Votes: Democracy in Dangerous Places
ISBN 978-7-305-19528-0

Ⅰ.①战… Ⅱ.①保… ②吴… Ⅲ.①政治－研究－非洲
Ⅳ.①D74

中国版本图书馆CIP数据核字(2017)第255739号

出版发行　南京大学出版社
社　　址　南京市汉口路22号　邮编：210093
发行热线　(025)83594756
网　　址　www.njupco.com

责任编辑：卢文婷
特邀编辑：吴晓斌
装帧设计：陆智昌
内文制作：陈基胜

全国新华书店经销
山东临沂新华印刷物流集团
　　　临沂高新技术产业开发区新华路　邮政编码：276017

开本：965mm×635mm　1/16
印张：15.5　字数：172千字
2018年1月第1版　2018年1月第1次印刷
定价：59.00元

如发现印装质量问题，影响阅读，请与印刷厂联系调换

导读

如何拯救世界？

刘 瑜

很多人年轻时都梦想拯救世界，后来……他们长大了。长大之后，他们的梦想就成了买一栋漂亮房子、组建一个和睦家庭，并且励精图治地要将孩子送进名校。这样的转型当然无可厚非，甚至可以说是合情合理——你以为你是谁？世界银行的首席专家？

保罗·科利尔，大约是极少数五六十岁还在梦想"拯救世界"的人。这当然也无可厚非，甚至可以说合情合理——他1998—2003年任世界银行发展研究组主任，可以说曾是其首席专家。

众所周知，世界银行是一个针对贫困国家实施发展援助的机构，其研究机构的核心议题当然是"如何有效地帮助极端贫困国家"。作为一个常年致力于此的经济学家，科利尔的思维方式显著地有别于许多学院派经济学家（尽管他本人也同时是牛津大学教授）。第一，他必须思考"大问题"——他不能停留于某个技术化的、局部的、微观的经济问题，而必须跨越政治、经济、社会和文化的边界，进行综合性的宏观思考；第二，他必须进行政策性思考，即他的思考不能停留于理论思辨和发表论文,而是必须能够直接推导政策建议,这些建议需要接受现实的检验。

某种意义上,这是一个"不可能的任务"。给全球最贫困的10亿人开药方?这简直是一个理论和政策的"百慕大"。二战后去殖民化以来,有多少知识分子的理论在这些地区(以非洲为主)无功而返?专制、独裁、军人、平民、左翼、右翼、贸易、援助、贷款、军队……这些"石头"被扔进这些地区,激进巨大的浪花,然后石沉大海而已。一个人大约只有极端聪明或者极端愚蠢,才会再次"偏向虎山行"。

科利尔应当是"极端聪明"的那一类。这不仅仅体现于他的一切思考都是基于扎实的实证研究(或引用他人的研究)和实地考查,而且——由于数据和研究方法的有限性——他同时也对这些研究的结果保持一种健康的开放性。

一

那么,根据这本书,我们应该"如何拯救世界"?

科利尔首先拿来开刀的是"选举迷信"。通过对民主与暴力冲突的实证研究,他发现"民主的好处"是需要经济条件的。确切地说,在极端贫困的地区,越民主越容易出现暴力;而在相对富足的地区,越专制则越容易出现暴力。"极端贫困"和"相对富足"的分界线是什么?他的研究结果是人均年收入2700美元左右(该书出版于2009年)。也就是说,他的研究显示,在人均年收入2700美元以下的地区,民主是危险的,而在人均年收入2700美元以上的地方,专制则是危险的。这是一个非常有趣的发现:它既否定了"无条件的民主热情",也否定了"无条件的专制热情"。但是既然本书是关于"全球最贫困的国家",不妨聚焦于前者。

为什么在极端贫困国家,民主化反而会加剧暴力?理论上,民主是暴力的一种替代性机制——人们以定期投票取代暴力循环来获取权力,从而平息暴力。在科利尔看来,原因在于,健康的自由民主制有两个要素,一个是选举,一个是制衡。如果把民主片面地理解为选举,而不致力于发展制衡机制,那么民主可能会成为一个危险的游戏。不幸的是,在大多数进入民主化进程的贫困国家,民主被化约为选举。

为什么把民主化约为"选举"是危险的?原因在于,在一个缺乏制衡的环境下,选举很容易成为政治强人的囊中之物。科利尔发现,那些贫困的"半民主"或"伪民主"国家,领导人非常"善于"赢得选举。在一个典型的发达国家(OECD国家),现任政府有大约45%的几率赢得选举,而在最底层10亿人所在国家的选举里,尽管治理绩效明显糟糕得多,但是现任政府获胜的概率却高达74%。事实上,贫困国家的很多政治强人之所以接受"民主化",就是因为他们有把握"赢得选举"。通过打压公民社会、选举舞弊、操纵选举委员会或法院、削弱反对派政治自由等方式,他们能轻易把选举改造成威权统治的合法化机制。重要的是保住权力,手段则可以与时俱进。既然国际社会和"老百姓"都想要选举这层"皮",我就披上这层"皮"。

但是谴责"邪恶的政治家"并非科利尔的全部目的,甚至可能不是其主要目的。他的论述某种意义上指向一个更令人悲观的信息:贫困国家的政治家之所以如此糟糕,很大程度上是因为人民允许他们如此糟糕。何以如此?本书的一个核心观点落脚于"族群政治"。理论上,选举是一种优胜劣汰的"规训"机制——如果你的治理绩效好,那么你留下来继续执政,如果不好,那么卷铺盖走人。如果选举真的能够实现这种优胜劣汰功能,那么民主就肯定是个"好东西"了。但是这个理论的问题在于:它假定人是"理性"的。不,人不但是"理性"的,也是"感性"的。在一个族群成分极其复杂而且族群历史积怨极其深厚的地方,人们给×××投票往往不是因为他所能提供的治理绩效,而是因为他和"我"来自同一种宗教、同一个地区、同一个民族、同一个种族……总之,因为他是"自己人"。如果人们根据族群认同而非治理绩效投票,那么很大程度上选举的规训功能就会被取消,从而使其"正面效应"难以释放。事实上,如果人们基于认同而非理性投票,后果很可能就是"劣币驱逐良币"——越善于煽动仇恨、"制造敌人"的政治家越有机会,越正直冷静的政治家越没有机会。事实上,这种情形下,正直的人根本就不想从政。

这一点在非洲许多国家非常明显。由于非洲历史上几乎没有"国家"传统,只有"部落"传统,殖民者留下的那些常常是笔直的"国界线"并不能唤起民众的"国家认同",人们的政治信任往往局限于自己的部族,无法延展到"非我族类"身上。比如,肯尼亚有48个部族,在2007年的大选中,反对党候选人奥廷加获得了其部族(卢奥族)98%的选票。这种族群主义的投票模式不但无助于选拔"负责的"政府和政治家,而且往往使得选举成为族群冲突的火药桶——事实上,2007年大选之后,支持奥廷加的卢奥族和支持时任总统齐贝吉的基库尤族就爆发了大规模的暴力冲突。族群认同扭曲选举结果,选举结果恶化族群冲突,成为诸多非洲国家的政治泥沼。尼日利亚、科特迪瓦、卢旺达、布隆迪、刚果、津巴布韦等都是典型的例子。

因此,科利尔指出,成功的民主制度需要以一种宽泛的"国家认同"为前提。领导人必须首先塑造"民族国家"的想象,而后才能建立有效的民主。如果人们的主要认同是"南方人"、"北方人",或者"穆斯林"、"基督徒",或者"X族人"、"Y族人",而不是"某国人",那么在选举当中这种认同就会扭曲民主发生作用的机制。关于这一点,科利尔对比了肯尼亚和坦桑尼亚的政治。他发现,同样是历史上族群林立的国家,坦桑尼亚在其前总统尼雷尔的带领下,通过语言统一、中小学教育"灌输"国家观念等方式,相对成功地"建构"了"坦桑尼亚认同",而这种认同显著提高了该国的公共服务质量。相比之下,一半的肯尼亚人将自己的族群认同置于国家认同之上。

二

如果在最贫困的国家,民主——至少化约为选举的民主——不能解决问题,什么才是可能的出路?

一个自然的思路当然是专制。但是科利尔指出,这是更糟的答案。其研究显示,就经济发展而言,在族群多元的国家,专制比民主的表现更糟。事实上,非洲已经专制了几十年,我们几乎想不出一个经济成功的非洲独裁国家。而就暴力冲突的爆发频率而言,尽管贫穷的独裁国家享有某种程度上"暴力垄断红利",但就暴力的规模而言,独裁的贫穷国家则往往"睥睨群雄"。在门格斯图治下,有75万埃塞俄比亚人死于战乱,乌干达的阿明政权则导致约25万人死于政治迫害,而在刚果,蒙博托和卡比拉的专制统治造就了一个彻底的失败国家——所有这些例子,都让我们难以相信专制会给极端贫穷国家带来和平与发展,而更多的专制是贫穷国家的希望。

另一个可能的思路当然是"民族国家"建设。如果尼雷尔可以"无中生有"地建构出坦桑尼亚认同,其他国家或许也可以效而仿之?这当然是可行的思路之一,但它远远不够。首先,有远见卓识的政治家本身就很罕见。对于那些想实现迅速政治动员的政治家来说，诉诸排他的身份族群往往比构建"子虚乌有"的国家认同更高效。其次，在一个族群之间历史积怨较少的国家（比如尼雷尔时期的坦桑尼亚），构建国家认同或许相对容易，但是在族群冲突已经非常严重的地方（比如经历了数次相互屠杀的图西族和胡图族之间），民族国家的构建则要困难得多。

一个不幸的事实是，就历史上而言，无论是东亚还是西欧，民族国家的建构往往通过持续不断的战争来完成。在欧洲，血腥的"三十年战争"构建了主权国家体系的雏形，而残酷的法国革命及其引发的地区战争则成为民族主义的催化剂；在中国，正如福山指出，春秋战国时期频繁的战乱是中国建构早熟国家的历史动力，秦皇汉武式的高压统治则是中国式国族认同的高昂成本。问题在于，今天试图在非洲这样的地方重复这种"战争建国"的道路既不现实也不道德，"国际社会"不会容忍没完没了的血腥战争，而将其他地区数百年的战乱"压缩"到几十年内，其人道主义成本也将颇为惊人。如果我们的目标是"拯救世界"，似乎血流成河并非拯救世界的良方。

发展援助是另一个经常被提及的思路。给穷人福利，给穷国援助，听上去都非常道德正确。问题在于，如果简单的发展援助有用的话，它早就已经起作用了。极端贫穷国家去殖民化以来，无数的发展援助资金涌入这些国家。但是，绝大多数接受发展援助的国家，经济与社会鲜有起色。其中最典型的例子是海地。海地是世界上人均接受发展援助最多的国家之一，但是这个国家至今仍然是一个典型的失败国家。事实上，甚至有人论证，那些得以摆脱贫困的穷国往往没有接受什么援助，而那些接受大量援助的国家常常原地踏步。

这其中的原因不难理解。当援助资金流向某个极端贫困国家时，大体而言是这个国家的政府决定着这些资金的流向，而如果这些政府腐败无能，那么这些钱绝大多数不过是用于中饱私囊而已。也因此，发展援助的后果可能比"浪费钱"更糟。一方面，发展援助中有相当一部分会被政府用于发展军队和武器，从而恶化专制。事实上，根据科利尔的一项研究，极端贫困国家大概40%的军费开支是由援助经费买单的。另一方面，外来资金很可能成为内部改革的替代方案，从而成为独裁政府的稳固机制。当一个政府缺乏外来资金、只能通过税收来获得可持续财政时，这不但可能成为国家能力建设的一个动力机制，而且可能会激活民众的讨价还价能力，从而推动责任政府的形成——事实上，欧美诸多国家民主制的诞生都与政府的征税需求联系在一起。但是，滚滚而来的外来资金则相当程度上替代了征税方案及其政治效应。一个很多人没有意识到的问题是，许多贫穷国家的税收很低（显然与其缺乏征税能力有关），但是，低税收并没有激发"放任资本主义"的活力，反而使得这些国家民主与国家能力建设都失去动力。

那么贸易呢？如果政府不可信，或许扩大民间的经贸往来可以成为一个"拯救方案"？这当然是帮助贫困国家的一个重要途径。正如科利尔在其前一本书《最底层的10亿人》和后面一本书 Exodus 中所阐释的，与很多批评抗议全球化的左翼知识分子所声称的不同，全球化是削减贫困的一个重大机制。但是，科利尔也清醒地指出，"国际市场"对于帮助穷国是不够的。一方面，在特定阶段内，"国际市场"对技术含量低的制造业产品消化能力是有限的，当中国、东亚各国和印度等第三世界的"先到者"挤上了船，"迟到者"的发展空间就非常有限了；另一方面，更重要的是，由于许多极端贫困国家依靠某些自然资源（石油、矿产、农产品等）进入国际市场，而这些初级产品可能带来资源诅咒。这不仅仅是因为初级产品出口往往造就"富国穷民"，甚至带来争夺资源的内战，而且因为这些初级产品的国际价格常常暴涨暴跌，从而造成这些产品的出口国经济非常脆弱。最近，巴西、委内瑞拉、俄罗斯经济的困境即典型例子，书中也用科特迪瓦（严重依赖可可出口）的例子详细阐释了这一机制。故事的逻辑往往是一样的：初级产品的繁荣带来了经济发展，经济发展刺激了政府提高福利和补贴，扩大国有部门和公务员系统，但当初级产品的价格猛然下跌时，由于政治阻力，已经提高的支出不可能轻易收回，于是滥发货币、无度国际借贷、金融危机、政治骚乱蜂拥而至。

三

简单地引入选举不是"拯救穷国"的有效办法，独裁更不是。构建民族国家需要特定的历史情境。发展援助常常适得其反。经济全球化则有利有弊。难道面对"最底层的10亿人"的不幸，整个世界只能束手无策？

知识分子善于批评，而不提供替代方案的批评总是容易的。科利尔对自己的要求比这更高一些。一个负责的知识分子提出政策建议时，这个建议不但应当是有益的，而且相当程度上是可行的。那么，科利尔的建议是什么？

显然，并不存在一个"神奇秘方"，一旦启用，极端贫困国家就"从此过上了幸福生活"。但是，科利尔提供了一种思路，值得贫困国家——确切地说，全世界——共同探索。

简单而言，科利尔的所有政策建议基于一个可被称为"共同治理"（mutual governance）的理念。谁和谁共同治理？国际社会（尤其是其中的发达国家）与极端贫困社会"共同治理"。显然，这一建议可能会触发很多人"反殖民主义"的神经，继而激发强烈的警觉甚至抗议。但是，在科利尔看来，密不透风的"主权观念"无助于极端贫困国家的发展，因为很多时候所谓"国家主权"不过是"政府主权"而已。二战后，"马歇尔计划"和北约组织极大程度地拯救了欧洲，而"马歇尔计划"和北约就是西欧和美国"共同治理"的经典范例。在发展中国家，很多方面——比如疟疾疫苗——事实上已经处于"共同治理"状态，并且取得了良好绩效，在科利尔看来，为什么不将"共同治理"拓展到更多的领域？

穷国的殖民记忆肯定是"共同治理"观念重大的阻力，但是，科利尔的主张并不是将穷国重新殖民化，而是希望国际社会通过一系列的"政策诱饵"来促进穷国的"良性治理"（good governance）。具体而言，科利尔提及了三个方面的"政策诱饵"。

第一，将公正选举与国际反政变承诺挂钩。如前所述，民主之所以在极端贫困国家常常"变味"，相当程度上是因为选举很容易被在任政府操控。在此，科利尔建议，如果在任政府能够保证"干净的"选举（国际观察机构往往能够观察到选举是否"干净"），那么，国际社会就应当承诺，当"叛乱分子"发动政变时，他们会动用各种可能的机制保卫当选政府，而不是采用简单的"中立"立场或者停留于泛泛的"口头谴责"。这种承诺之所以对于在任统治者具有强大的吸引力，是因为在极端贫困国家，权力的主要威胁来自政变而非革命——革命的组织成本太高，而政变则往往是家常便饭。如果国际社会能够承诺保卫干净选举的成果，那么不仅在任政治家有更多的动力维护公平选举，而且也能鼓励更多正直的人参加竞选。

第二，将预算收支的透明与廉洁和国际援助挂钩。是的，国际发展援助应当是"有条件的"，但是，之前世界银行和IMF的做法——将特定的政策主张（通常是紧缩财政、私有化、贸易和金融开放等）与援助挂钩，事后证明风险很大，它建立于很多不确定的知识基础之上。比如，经济危机当中紧缩财政到底是好是坏？贸易和金融开放的程度应当如何？这些在知识上都具有极大的不确定性，由此推出的政策建议因而具有相当的风险。但是，有一点在知识上的争议相对较小，即，廉洁的政府是良好治理的基础，那么，或许就应当将国际援助与廉洁政府挂钩。由于政府是否廉洁的监控成本太高，或许就可以从预算收支的公开和透明这样一个相对简单的步骤开始。

第三，增加由国际社会提供的安全防御功能，减少本国的军费开支，以避免恶性的地区军备竞赛，这样不但能促进地区和平，而且可以将资源更多地导向发展而不是军事活动。这当然不一定是说增加发达国家在贫困国家的军事基地——这样做的政治阻力太高，更可行的方案是将军费水平和发展援助挂钩，以及向廉洁的政府提供"远程安全保障"（over-the-horizon security）。在此，科利尔格外强调极端贫困国家的前宗主国的责任，比如英国对塞拉利昂，法国对科特迪瓦，它们应当用"安全保证"（security guarantees）奖励这些国家军事部门的收缩，使其政府能够没有"后顾之忧"地聚焦于发展而不是军事。

这些政策的具体可行性和效果当然值得讨论，但是国际社会对极端贫困和失败国家进行某种程度的"共同治理"，却是值得探索的路径。"主权神圣不可侵犯"听上去固然大义凛然，但是主权观念作为一种近代才出现的历史建构物，并不具有道德的绝对性。事实上，它甚至常常成为独裁者捍卫绝对专制的话语工具。近年国际干预在某些地区——比如伊拉克——的失败，也不能用以否定国际干预本身的重要性，只是提醒我们谨慎策略和"打持久战"的重要性。事实上，如果说国际干预在某些地区失败了，同样多——如果不是更多地区——的失败则是由国际不干预导致的，其中最典型的就是卢旺达大屠杀。

或许有人会说：凭什么发达国家可以干预穷国，反过来却不行？科利尔对这种听上去政治正确的"国际平等观"嗤之以鼻。在他看来，大多数发达国家已经具有了对内的"责任政府"，即其政府权力已经相当程度上被国内的权力制衡机制所约束，而许多极端贫困国家的政府对内对外都毫无责任性可言，要求这样两类国家"平起平坐"、"井水不犯河水"，是一种轻浮的道德相对主义。

显然，科利尔的想法会对很多人构成冒犯。然而，当许多极端贫困国家深陷暴力、贫穷和专制的恶性循环，路径依赖则使其难以"拔着自己的头发脱离地面"，或许只有借助一点外力才可能逆转漩涡的方向。绝对主权、国家平等等观念不但成为许多独裁政府的保护伞，也成为许多更发达、更成功国家摆脱国际责任的动听理由。然而，对于真正践行责任伦理的知识分子而言，袖手旁观是不够的，那些更幸运的国家应当向更不幸的国家伸出手去——哪怕这一过程会经历失败和挫折，哪怕这只手常常不受欢迎。当然，简单地引入毫无质量的选举、简单地推动贸易和金融自由化或者简单地呼唤政治强人都是不够的。责任心的一面是道德勇气，另一面则是知识累积。事情总是比我们想象的复杂无穷倍，但这不是无所作为的理由，而只是抱有更多谦卑、智慧与耐心去行动的理由。

献给 John Githongo：他的斗争

目 录

导读　如何拯救世界？.. i
序言　危险地区的民主.. 001

第一部分　否认现实：疯狂民主

第一章　选票与暴力.. 015
第二章　族群政治.. 049
第三章　危局之中：冲突后协议.. 071

第二部分　面对现实：残酷、野蛮又漫长

第四章　枪炮：火上浇油.. 097
第五章　战争：关于破坏的政治经济学.. 113
第六章　政变：不受控制的导弹.. 131
第七章　科特迪瓦的衰落.. 145

第三部分　改变现状：政府问责和安全防御

第八章　国家体制建设与民族国家建设..........................159
第九章　宁死不吃救济粮？..................................177
第十章　改变现实..213

致谢..219
附录　最底层10亿人的国家..................................223
参考文献..225

序言

危险地区的民主

我的儿子丹尼尔今年 7 岁。也许他能在有生之年见证战争的终结,也许他会在某场战争中死去。本书的主题,就是解释为什么当今的孩子们实实在在地面临着这两种可能的未来。战争有如疾病,自人类文明伊始就屡见不鲜。而今一些疾病已被攻克:1977 年,科学进步与公众行动携手消灭天花。如今的世界经济形势似乎可以提供全球和平所必需的物质条件,这是前所未有的局面。然而全球经济的增长也意味着更大的风险:一个紧密相连的世界反而更容易受到任何零星残存的混乱暴力的伤害。正如消灭天花靠的是公众行动对科学的运用,经济繁荣也需要因势利导才能捍卫世界和平。

《战争、枪炮与选票》这本书写的是权力。为什么要关注权力?因为约有 10 亿人口生活在世界经济最底层的国家里。而在这些穷困潦倒的小国,暴力一直是通往权力的主要途径。政治暴力本身是祸根,同时也是建立负责任的、合法的政府的障碍。说它是祸根,因为暴力斗争的过程极具破坏性;说它是障碍,因为政权一旦以暴力为根基，就会导致这样一条傲慢的假设——政府是来统治国家而不是来服务人民的。你只要看政治领导人的官方照片就明白。在成熟的民主国家，我们的政治家在照片上笑容可掬：他们千方百计地讨好他们的主人——选民。而在最底层这10亿人的社会里，领袖们不苟言笑：每一处公共建筑、每一间教室里都高悬着他们俯瞰众生的肖像，眉头紧锁，威严赫赫。幸好列强殖民已成为过去，才轮到他们坐江山。《战争、枪炮与选票》这本书研究的是，为什么政治暴力在最底层10亿人的社会里如此普遍，以及如何才能遏制它。

自冷战结束以来，发生两大变局，其中每一个都有希望推动远离政治暴力的决定性转变。两者都源自苏联解体。

一是选举，在最底层的10亿人的地区广泛推行。在东欧剧变的影响下，发展中国家要求政治变革的呼声日益高涨。20世纪90年代初西非地区全国代表大会不断涌现。1998年非洲最大的经济体尼日利亚摆脱军事独裁。正如第一个千年之末，欧洲小国的国王们都审时度势地突然皈依基督教，第二个千年之交，最底层10亿人的小国领袖们纷纷接受选举制度。在冷战结束前，最底层10亿人的地区里大多数领导人都是靠暴力上台，即靠"武装斗争"或政变的成功攫取政权。如今大多数人靠赢得选举而执政。选举是民主的制度化工具。它可以让政府变得更负责任、更有合法性。它将敲响政治暴力的丧钟。

第二个鼓舞人心的改变，是和平的诞生。在冷战结束前的30年之间，暴力冲突此起彼伏，一波未平，一波又起，内战因此逐步蔓延。而内战战火一旦引爆，就会旷日持久地燃烧：同室操戈往往历时十余倍于国际战争。但是冷战结束后，各地血腥残酷、经年累月的冲突动荡竟一个接一个地平息。南苏丹的战乱已随着和谈而结束。布隆迪的内战，也在多方积极斡旋之下谈判停火。塞拉利昂的内乱，在维和部队的介入下平定。冷战终结，障碍扫清，国际社会转而致力于遏止不断上演的暴力夺权事件。

和平之风推波助澜，选举浪潮日益壮大。以暴力攫取政权的乱局成为历史，一个崭新的世界就在眼前。那么，我们怎样才能预见这些变化的后续发展？我们的推断能否比单纯的猜测更进一步？我认为答案是肯定的。尽管这些冲击接连发生，其巧合前所未有，但是每一桩都可以根据其发展历程来分析。在最底层10亿人的地区也有选举竞争。这些地区在冲突后期也有许多紧张局势。本书将援用这些事件来分析正在书写中的历史。当你阅读《战争、枪炮与选票》的时候，你也许会发现，前沿性研究发展得非常快。我就有这样的感受。每天早晨步行上班时，我都想知道昨天傍晚我回家之前，是不是佩德罗、安珂、多米尼克、丽莎、本尼迪克特，或者玛格丽特又解决了什么我们遇到的问题。我希望你也会有同样的感受。

政治暴力是权力斗争的一个变种。今天我们认为它是不合法的：强力并不构成权利[1]。上个世纪，民主的原则在高收入国家已经被充分认同，而且我们逐渐认识到它的益处。在通往权力的道路上，铺路的应当是选票，而不是子弹。自从冷战结束以来，高收入民主国家又向前迈进一步：从单纯地认同民主的价值到积极地推广民主。在伊拉克问题上，关于积极推广民主的方式存在争议：是直接用武力改换政权，还是仅限于和平的鼓励和诱导。尽管存在争议，但国际社会对于这个目标是有共识的，并且取得相当的成绩：在短短20年之内，民主体制在低收入国家中扩张开来。那么，和平都有些什么结果呢？

好消息是，世界变得更安全。实际上，撇开世界大战那种灾难

---

[1] 引自卢梭《社会契约论》。——译注

时期,人类社会从古至今,尽管曲折动荡,但大致是朝着和平安定的大方向逐渐前进的。虽然我们一厢情愿地幻想在文明开化之前先民们是如何纯善高贵,然而真实的远古社会战乱频仍、生灵涂炭。那个传说中人类失去的安宁的伊甸园从未存在过:和平是在漫长岁月中逐渐建立起来的,一千年又一千年,一个世纪又一个世纪,一个十年又一个十年。在政治暴力中寻求安全一直是人类社会的主题。中国筑起长城。古朱特人为抵御日耳曼部落修建横跨日德兰半岛的屏障。这些名胜古迹屹立在时间的长河里,向我们证明集体防御所拥有的压倒性优势。这种优势一直持续到不久前:作为全球最富裕的国家,美国为了应对苏联的威胁,在 40 年间投入的国防经费高达国民收入的 9%。

苏联解体标志着一个时代的落幕。过去的 10 年虽然表面上混乱,其实是比较和平的。研究这类悲伤的课题使用的衡量因子是"战争相关的死亡人数"(battle-related deaths)。武装冲突数据库(Armed Conflict Data Set)滚动记录大型冲突(一年内造成至少 1000 人死亡)以及小型冲突(一年内造成至少 25 人死亡)。根据上述衡量标准,我们来看看近来的历史。

殖民主义末期(1946—1959),每年大约有 4 场战争、11 场小型冲突。从殖民地独立时期到 1991 年冷战结束,冲突有持续恶化升级的趋势。1991 年的数据可谓触目惊心,有 17 场大战、35 场小型冲突在世界各地同时进行。倘若暴力以这种速率蔓延,今天我们该身处一个噩梦般的世界。然而事后证明,暴力在 1991 年达到顶峰。今天的世界与殖民主义末期相比并不太平,但正在进行中的战争已经减少到 5 场、小型冲突下降至 27 场。所以看上去这一突破与民主制的胜利在趋势上相符:凭借投票就无须动用枪炮。

然而我逐渐认识到这一令人欣慰的信念不过是个幻想。我们对付政治暴力的方法建立在罔顾现实的前提之上。某些国家长年饱受内战之苦,族群分裂对立。所以现实的情况是,这些国家里选举竞争层出不穷。自1991年始,粉饰民主成为一种时髦,随处可见。一个落选的总统开始显得而且多半感觉像一个异类。这就不止是时髦与否的问题:现任政府一旦落选,许多捐赠人就会转走援助经费。如此一来,在职总统们就得严阵以待面对选民。有时候,他们知道自己受人民的爱戴,就信心满满。有时候,选民并没有识时务地让他们如愿。

选民们忘恩负义,总统们只好另辟蹊径。有那么一两个在操纵大选之前被阻止,比如赞比亚大权独揽的肯尼思·卡翁达(Kenneth Kaunda),他在1991年举行选举,却一败涂地。截至本书成稿之时,在最底层10亿人的国家里最近举行选举的是肯尼亚,时间是2007年12月。津巴布韦很快也将进行选举。自卡翁达落选之后,现任总统们学会如何赢得选举。肯尼亚大选中胜出的是现任总统齐贝吉(Kibaki),然而在肯尼亚国内,人们并不认为他的连任是民主的胜利。肯尼亚民主教育研究所(Kenya's Institute for Education in Democracy)所长孔奇·穆丽(Koki Muli)如是评价:"这是一场政变。"[1] 至于津巴布韦的大选,亲爱的读者,你比我有优势,因为你已经知道结果。我无法预知谁将在2008年当选美国总统,但非常清楚即将赢得津巴布韦大选的人:我确信穆加贝(Mugabe)总统将会连任。尽管需要选举,总统们已经掌握一整套手段来攥紧权力。而这些选举进行的大背景是制衡缺位、族群分裂以及冲突后期紧张局势下的社会。

后冷战时代国际社会固然获得胜利,后殖民时代内战纷争虽然

---

[1] "齐贝吉当选引发肯尼亚骚乱",《金融时报》,2007年12月31日,第6版。

得到平定，但是与此同时，在这个节点上局势之脆弱令人担忧。冲突后形势危机四伏。历史上，许多冲突平息后的国家和平局面维持不到10年又再陷战乱。20世纪90年代以来，国际社会越来越依赖并坚持推行选举制度，作为缓和冲突后国家紧张局势和族群仇恨的灵丹妙药。毕竟，选举制度应当赋予当选人执政的合法性。为了争取选票，当选人的施政方针也一定做到兼容并包。只可惜，这个宽慰人心的药方解治不了越发显而易见的现实症结。

要真正解决政治暴力的问题，我们必须弄清楚为何贫穷的小国会如此危险。要直面政治暴力的真相，我们必须了解它的实施途径：枪炮、战争和政变。我知道，不是枪炮杀人，而是人杀人。政府可以不费一枪一弹地进行一场非常有效的种族灭绝——卢旺达大屠杀使用的是砍刀。然而当两个集团产生暴力冲突时，握着更多枪杆的一方赢面较大：助暴力以枪炮，无异于为虎添翼。所以我就从枪炮开始研究，从而发现关于它们的供给和需求的离奇故事。卡拉什尼科夫冲锋枪[1]的非法交易提供武器来源，而"力利浦特"（Lilliput）[2]的军备竞赛推动着市场需求。

战争并未完全退出历史舞台，但现今只在"别处"发生。富裕的国家之间不再交战，其国内也无内战。中产收入的国家里战争也几乎消失。甚至低收入的大国也相当和平：中国和印度都拥有庞大的军队，但过去40余年间，两国干戈不兴，秋毫无犯。也许世界控制不了核扩散：早晚会有越来越多的中等国家希望以核技术登上世界舞台。然而在过去的60年中，核武器的"首次使用"已经成为一个恐怖的禁忌，我看不出有什么打破威慑平衡的可能。

---

[1] 俄罗斯设计的一系列自动步枪，如AK-47突击步枪。——译注
[2] 力利浦特，英国作家乔纳森·斯威夫特小说《格列佛游记》中虚构的小人国，居民身高仅6英寸左右。——译注

随着强国之间和平的到来，战争的规模也缩小了。如今只剩下一些小国在打小仗。往往暴力仅限于内战：一国硝烟四起，他国作壁上观。有时其他国家也会被卷入，大多是邻国，有时是本地区内的国家。偶尔国际势力会介入，或是为了防止一国内部暴乱，例如在刚果民主共和国的维和行动；或是为了驱逐侵略势力，例如第一次海湾战争；又或是为了强行改换政体，例如第二次海湾战争。令人不安的事实是，相当多的贫困小国从结构上来说仍然危机重重。在最底层10亿人的国家里，战争血腥、野蛮又漫长。这些都是内战，其受害者大多为平民，而且耗时10倍于国际战争。虽然好在一波和平协议的达成使得内战爆发的频率有所下降，但是新的冲突暗潮汹涌，蓄势待发。除去尚未平息的冲突，2004年有4场新的战争交火，接下来的一年稍有好转，只有1场新的战争。但2005年并不太平，有8场小型冲突在这一年爆发，而2006年又有3场新的战争开火。

政治暴力并不需要通过战争以及随之产生的"战争相关的死亡人数"来达成其夺权的目的。实际上，政治暴力最常见、最有效的手段通常能兵不血刃地攻城略地，那就是以政变的形式发动外科手术式的打击。军队的本职是保护国民不受有组织的暴力伤害，有时却摇身一变成为暴行的实施者。在全世界范围内，自1945年以来发生了357起成功的军事政变，然而每一次成功的背后也有许多的失败。以非洲为例，该地区的相关数据有着全面的记录，除了82起成功的政变之外，还有109起政变未遂，145起被扼杀于萌芽状态中，相当于非洲每个国家平均经受过7次有预谋的外科手术式袭击。在许多国家，被军队罢黜成了总统下台最常见的原因。

枪炮、战争和政变就是最底层的10亿人所在国家的现状。它们毁了原本很有希望向前发展的国家。科特迪瓦曾经一度是最繁盛的非洲国家，它的衰落展示这三种形式的政治暴力在10年间轮番上演所造成的灾难性后果。

那么，如果各种形式的政治暴力继续作为获得权力的主要途径，这后果真有那么重要吗？也许向这些国家输出民主价值观只不过是自我安慰的痴心妄想，还是让他们维持原状的比较好？我的回答是，这当然重要。

首先，我们的民主价值观本身并没有错。政府不应该凌驾于国民之上发号施令，而应当为他们服务。从民众受奴役到政府变公仆，在我们自己的社会里这一历史进程是艰辛而漫长的。在最底层10亿人的地区，政府职能的转变估计也还有很长的路要走。我们过去的确低估其中的难度，没有为民主制度奠定基础，只输出个空壳。我要论证的是，在民主的基础构建尚且无法实施的时候，光作表面功夫非但不能加速建立民主责任制，只会适得其反。

这当然重要。因为在最底层10亿人的族群分裂的国家，一旦政权是通过暴力手段赢得，后果通常就会很严重。在族群分裂的国家里，政治强人甚少高瞻远瞩，而极有可能以权谋私或受制于幕后小集团为其牟利。有远大愿景的领导是很重要的，其职责是将政权国家转变为民族国家。我们建政立国的方式犯了一个最根本的错误，就是忘记一个运转良好的政权国家不仅要建立在共同利益之上，更需要建立在国民认同的基础上。国民身份的认同不是自然产生的，而是通过政治打造的。铸就国民认同，是政治领导人的使命。

这当然重要。因为通过暴力争夺权力的过程代价太高昂。战争和政变不是请客吃饭，而是历史的倒退。也许以少量的"战争相关的死亡人数"来衡量，目前的战争规模尚不算大，但越来越多的平民被卷入战争，并且事实上平民和战斗人员的区别日益模糊，这表明即使是小型战争也会造成巨大的伤害。政治暴力不仅对于其所在国家来说是祸患，对国际社会来讲也是公害。特别是它侵害邻国，在主权问题上造成深远的影响。

　　在最底层10亿人的地区，首要的问题是，一个典型的国家太大同时又太小。国家太大，大到太多元分歧太大，以至于无法协作生产公共物品；国家太小，小到无法享受到国家安全这一关键公共物品的规模经济效应。但是，了解问题本质的唯一意义就是帮助寻找有效的解决方案。如果问题在于国家太大，无法凝聚出一种世代传承的国民身份认同感，那么国家的建设从根本上来讲，就不适用当下时髦的药方——制度的建设。因为在那之前，还要经历一个必不可少的国民塑造的阶段，而大多数上述国家的领导层尚不具备足够的远见卓识来完成这一使命。

　　如果问题在于国家太小，无法提供关键的公共物品，那么把国家主权作为建国的基石就失去了意义。在最底层10亿人的地区，国家结构性的缺陷导致人民除了依靠国际社会供应必需的公共物品之外，别无他法。从某种程度上来说，这些国家也可以通过建立联合主权的方式解决问题，但迄今为止他们在这一点上尤其失败。不过这种失败本身就是他们的症状：最底层10亿人的地区亟需的大多数国际公共物品，只能由那些能够团结协作的国家，也就是高收入国家来供应。然而最底层10亿人的小国政府对主权的激烈捍卫，再加上高收入国家领导人的软弱和冷漠，彻底限制了国际行动实际上能达到的效果。本书的核心建议是一种策略，凭借这种策略，国际社会只需要较小的干预就能控制最底层10亿人的国家内在的政治暴力。这股迄今为止如此强大的毁灭性力量可以被驾驭，从而转祸为福，把民主体制的破坏势力变成其捍卫力量。

　　要驾驭最底层10亿人的国家里固有的政治暴力，使其转变为正义的能量，我们需要施加非常有限的一点国际力量。伊拉克战争之后，由高收入国家发起的国际维和行动变得不受欢迎，不仅高收入国家的选民不支持，最底层10亿人的国家政府也起了戒心。然而军事干涉可以起到关键作用：只要控制得当，就能在维护社会稳定的同时保障当地政府顺利履行其对国民的职责，这两者都是国家发展不可或缺的条件。

我清楚地知道自己的处境如走钢丝。那些把最底层10亿人的国家视作无可救药的烂泥潭的人，很容易把本书里的建言认定为劳民伤财的理想主义。那些把这些国家看作新帝国主义扩张的受害者的人，则可能把这些提议贬斥为披着伪装的帝国主义。最重要的是，对于那些认为任何形式的国内政治暴力都不合法的人，控制政治暴力并加以利用这个思路恐会触犯其基本原则。但是，本书的建言并非劳民伤财的理想主义，而是得到分析和证据支撑的。它们也不是变相的帝国主义。最底层10亿人的地区的人民和我们其他人一样都享有同等权利，包括梦想拥有独立的国家地位的正当权利。本书的建言也没有破坏民主的原则。我想传达的信息是，要实现建国和民主的梦想，目前的道路是行不通的。以主权神圣不可侵犯为名袒护虚假民主之实，就是走进死胡同。既然高收入世界应当为最底层10亿人的地区提供疟疾疫苗，那么同理也应为他们支援公共安全和政府责任，否则，上述三种公共物品就会长期严重短缺。而只有当它们的供应得到适当的保障后，最底层10亿人的国家才可能得偿夙愿，享有真正的主权。

终结政治暴力的愿景是我们的幻想、希望与战略交汇得最为紧密之处。然而事实证明，这也正是我们基于幻想而犯错的代价最沉重之所在。我所分析的每一个变局都蕴含着极大的希望，但事实证明每一个都是一把双刃剑。它们很可能引发一系列事件而导致暴力激增。但这并非"事与愿违"那么简单。运用现代的研究方法，我想我能阐释，是什么决定民主将导致变革还是破坏。更令人警醒的是，我将说明，时至今日，在最底层的10亿人的社会里实行民主非但没有减少，反而引发更多政治暴力。不过，我传递这个信息并不是为了诋毁勇敢的人们争取民主权利的努力：我不是为独裁辩护。可是只有走出幻想，我们才能制定切实可行的措施，发挥民主制度作为正义力量的毋庸置疑的潜力。

第一部分

否认现实：疯狂民主

第一章

选票与暴力

我们生活的时代,恰逢一场伟大的政治巨变:民主体制传播到最底层 10 亿人的国家。但这是真民主吗?最底层 10 亿人的国家的确有了选举。在美国和欧洲的施压之下,选举制度得以大力推行,并且它作为民主制最显著的特色而被视作其界定性特征。然而一个真正的民主体制不仅有差额选举,还有选举的实施规则:舞弊必受惩治。一个真正的民主体制也有针对当选政府的权力制衡机制:胜选者不得镇压落选者。这场伟大的政治巨变可能表面上看起来像是民主的传播,但实质上只是选举的普及而已。假如赢家的权力不受限制,那么选举就成了事关生死的博弈。假如这场殊死竞争本身缺乏实施规则的制约,那么候选人就会被迫采取极端行动。这样的结果不是民主:我把它称为"疯狂民主"(democrazy)。

在疯狂民主之前是个人独裁。这种政治体制大多数根本不屑于依靠某种意识形态来粉饰自己。扎伊尔[1]总统蒙博托(Mobutu)当

---

[1] 刚果民主共和国的旧称。——译注

政期间，其治下奇异的政府体系在米凯拉·朗（Michela Wrong）的《跟随库尔茨先生的足迹》（*In the Footsteps of Mr. Kurtz*）一书中被描绘得淋漓尽致。个人统治意味着种族优待以及国家机构的式微。蒙博托把大权建立在贪婪和恐惧的基础之上：他宠信忠仆，大肆封赏逢迎媚上之徒；打压异己，纵凶折磨有反对嫌疑之士。而类似的国家奉行的是国家意识形态，例如埃塞俄比亚的德格政权（Derg regime）以及安哥拉的"安人运"[1]。这些严酷残暴的政权不出意外地在西方的左翼阵营中吸引到大量的支持。然而多数情况下这种意识形态不过是装点门面的幌子、政客圈子里往来应酬的漂亮话，就像基督教的观点想必在19世纪的沙龙里占据主流一样。这种自欺欺人的主义盛行于津巴布韦，他们有一个政治局，人们互称"同志"。这些非民主的政权似乎容易导致动乱。蒙博托和德格集团都是被反政府军推翻的，而"安人运"曾经历过与"安盟"[2]的大规模内战。

纵观上世纪90年代的非洲、拉丁美洲和亚洲，独裁政权就像被保龄球击中的木瓶一样接连倒下。有些国家的民众受到东欧形势的鼓舞而走上街头，其中印度尼西亚总统苏哈托（Suharto）下台的事件最为震撼。有时援助国以民主为条件提供进一步的资金支持，其中最成功的例子是肯尼亚，因为民主国家认定可以向该国总统莫伊（Moi）施压。有时独裁者会审时度势，跟随风向变化。他们身边往往簇拥着溜须拍马之辈，这种情况反而可能有助于民主化进程。试想一位独裁者在掂量民主改革的时候会怎么问他的扈从。实际上问题只有一个：如果开放选举，我能胜选不？扈从能怎么回答呢？他多半心里没谱：因为做民调从来就不是他的职责。但是，就算扈

---

1 MPLA，全称"安哥拉人民解放运动"。——译注
2 UNITA，全称"争取安哥拉彻底独立全国联盟"。——译注

从官员觉得民众痛恨总统，他也犯愁。多年来不正是自己歌功颂德，蒙骗总统说人民无比爱戴他吗？那些向总统进忠言的顾问往往早已被疏远。

于是，至少有三个独裁总统因为自信满满地开放民主而遭到了失败。他们是印度尼西亚的苏哈托、赞比亚的卡翁达和津巴布韦的穆加贝。因为他们自信能赢，所以让公民投票。结果苏哈托丢了东帝汶：东帝汶人民公投以压倒性多数支持独立。卡翁达比苏哈托好一点：他拉拢了20%的选票支持，这么看确实有部分民众拥护他，那些是他家乡的人民，因为他以大幅公共支出来厚待自己的老家。而当大选结果揭晓时，他得知国民如此不识好歹，自然恼羞成怒。不过，我们永远无从得知那一刻究竟发生过什么。幸运的是，美国前总统吉米·卡特（Jimmy Carter）正好在赞比亚领导一个观察团监督选举。当大选结果逐渐明朗时，卡特意识到自己需要做些什么。他迅速赶到总统府，守着卡翁达，安抚他的痛苦，直到选举已经无法废除。毕竟卡特本人也有过类似的经历[1]。有卡特在旁监督，卡翁达别无他法，只得接受失败的结局。假如当时卡特不在，我们无从得知卡翁达会不会拱手让权：据说他后来周游非洲列国首都，提醒总统们不要重蹈他的覆辙。

那么穆加贝总统是什么情况？到90年代中期穆加贝总统也紧跟潮流，在宪法里规定实行多党派选举制并限制总统任期。很多独裁者都接受总统任期的限制，因为他们有信心在自己任期届满之前用这样或那样的手段来修改宪法。这样一来，总统任期就成了定时炸弹。当然，俄罗斯总统普京就是最精彩的打宪法擦边球成功的例子：他都懒得改任期限制，只需改任总理，再把实权从总统转移

---

[1] 卡特在1980年大选时，争取连任却败给里根。——译注

到自己的这个新位置。尼日利亚总统奥巴桑乔（Obasanjo）曾尝试延长任期但遭到失败，同样的情况也发生在赞比亚总统奇卢巴（Chiluba）身上。乍得总统代比（Deby）和乌干达总统穆塞维尼（Museveni）则成功延长任期。穆加贝总统决定修宪，取消总统任期，并大幅度增加总统的权力。修宪需要全民公投，正是在这件事上他没能如愿。

但遗憾的是修宪公投不是总统大选，所以穆加贝得以连任，同时也明白若真搞民主选举自己必输。他面临的问题我稍后再讲。现在我们回到民主的传播这件事上。一国又一国实行差额选举，现任政府时赢时输。但无论如何，反对党现在能更好地发出自己的声音。

这场民主的传播对政治暴力起到什么影响？显而易见，暴力应当减少。也许这个道理过于直白，但它有助于厘清我们自以为明白的事实的前提。在我看来，民主能降低政治暴力发生概率的原因有两点。我归纳为政府问责制（accountability）和执政合法性（legitimacy），两者互为补充、相辅相成。先说政府问责制的影响。在一个民主体制中，政府只能努力地去满足普通公民的诉求。如果政绩不错，现任政府就能连任；如果选民认为它不如其他候选人团队，那么现任政府就下台。不管怎样，政府都得努力工作，因为它要对选民负责。一个独裁者也可以选择作出毫不逊色的成绩，但这对于他来说不过是一个选择而已。而民主政府别无选择。实际上，大多数情况下独裁者们作出的是与为国为民背道而驰的选择，比如蒙博托。所以，民主制督促领导人履行职责，从而提高政府工作成绩。那么，为何这样一来政治暴力就会减少呢？很简单，因为导致民众不满的基础少了。如果政府竭力增进社会大众的福祉，人民就不太可能拿起武器去反对它。

第一章　选票与暴力

我们刚说了政府问责制的影响，接下来谈谈执政合法性。赢得选举是政府合法性的唯一基础，这是当今世界的广泛共识。相应地，至少从民主理论上来说，一个合法的政府应当被赋予某些权利。一个合法的政府有权利去做它竞选时承诺要开展的工作，所以就算反对党有非议，政府也具备至少在一定的限制之内推行其施政计划的资格。民主国家的公民认同上述规则，所以对于政府通过选举而实施的计划，反对党也不可能合法地诉诸暴力来对抗。这又是减少政治暴力的另一个原因。即使那些最激进的反对党拒绝承认政府施政的资格，要进行暴力抵制，他们也不可能赢得太多支持，因为他们无法合理地声称自己的斗争是正当的。

综上所述，民主制度应该为政治暴力加上双重限制：其一，民众不满的客观基础减少；其二，即使有不满，也很难发动群众对政府进行暴力攻击。

一直以来，我们就是这么信心满满，以为民主就是政治暴力的解决方案，甚至都不屑于去搜集事实证据来检验它正确与否。民主有利于维护和平，这已成为政策领域的一项基本信念，而且可能是政治范畴为数不多的共识之一。乔治·索罗斯和乔治·布什相互认同的理念不多，但我估计在这一点上他们俩——包括千百万其他人——是站在同一边的。

当最底层10亿人的国家开始走上民主道路时，我和任何其他人一样，都备感欣喜。然而，之后数年的事态发展比我预期的艰难得多。有的外界评论家转而啧啧说起风凉话，我没空和他们理论。改变本来就是难事，况且还有强大的阻挠势力。这并不是说我的期望在最底层10亿人的国家落空了。我仔细回想，便开始怀疑自己过去没有注意到一些已经很明显的事实。的确，一直以来都有人提出质疑，只不过他们的声音被欢庆民主的狂喜的嘈杂声浪淹没了。最重要的是，我开始怀疑那些适用于发达国家的理论被引申得过分了。也许最底层10亿人的国家缺失一些必不可少的前提条件，从而导致政府问责制和执政合法性这两个因素无法顺利发挥作用。必须承认，我非常不情愿提出这样的疑问，然而是正视事实的时候了。

你也许以为民主和政治暴力之间的关联在学术界已有定论。但颇令人吃惊的是，我发现并不是这样。事实上，这个问题和现代社会科学一样，已接近未知领域：我找不到一篇已发表的相关论文。于是我和年轻的瑞士学者多米尼克·罗内尔（Dominic Rohner）合作，着手进行研究。

我们基本上拿到1960年以来所有国家的数据。控制其他可能起作用的变量，民主对政治暴力的产生有什么样的影响？起初我们发现二者不相关。对我来说，这种"无关"的结果本质上是不可能的：像政治体制这么重要的因素肯定会有影响。于是我们想到，也许两者之间的关系在整个经济发展阶段有变化。毕竟，最底层10亿人的国家比其他民主国家贫穷得多，两者差异很大。很可能民主对暴力的效应在经济落后的国家和在发达国家是不一样的。考虑到这个可能性之后，我们就发现政治体制始终是有显著影响的。事实上，在落后国家和发达国家实行民主，其作用恰好相反。正是由于在这两类国家中相反的作用互相抵消，导致整体看上去好像没有任何影响。那么，这两种相反的作用具体是什么呢？

我们发现，在中等收入水平以上的国家里，民主制度能系统性地降低政治暴力的风险。因此，"民主让社会变得更安宁"这个从政府问责制和执政合法性的角度提出的预测得到验证。但是在低收入国家里，民主使社会变得更危险。就好像光是穷还不够惨似的，民主还要产生负面效应来雪上加霜。国家不穷，社会比较安定，实行民主是锦上添花；国家穷，社会较为动荡，实行民主无异于火上浇油。

如果民主制度使贫困国家变得更危险，而使非贫困国家变得更安全，那么一定存在一个临界值。当国民收入达到这个临界值的时候，民主制度对社会稳定的净效应为零。这个临界值在人均年收入2700美元左右，也就是大约人均每天7美元。最底层10亿人的国家的收入水平都低于这个值：其中大部分还差得很远。

以往普遍认为，民主制度通过保证政府问责制和执政合法性，可以改进最底层10亿人的国家。在我看来，我们研究结果的关键意义在于指出以往的理论一定存在漏洞，而且是个巨大的漏洞。本书很大部分旨在寻找那个漏洞。不过，我们的研究还没有完全结束。

我们先前讲到，国家越富有，社会就越稳定。研究表明，高收入的所有正面效应都要建立在民主的前提之上。的确如此，更惊人的结果是：如果制度不民主，国家经济越是增长，就越容易产生政治暴力。民主国家越富越安稳，专制国家越富越动荡。为了更直观地理解这一点，你可以想象两条线，一条斜率为正，表示随着收入增加，民主国家的安全指数上升；另一条斜率为负，表示随着收入增加，专制国家的安全指数下降。两条线的交点对应的收入，就是使民主制度对暴力的净效应为零的临界值：2700美元。当今时代经济成就极为辉煌的国家，有的人均年收入高于3000美元，已经超过收入临界值。这样的专制国家，除非进行民主化改革，否则随着年复一年的高速增长，社会将会越来越不稳定。

在研究初期，我们忙着处理极为繁琐而棘手的统计问题，可谓艰苦卓绝。现在我们的主要工作是分析统计的结果，看结论是否成立。举个例子，国民收入可能会同时受到暴力冲突和政治体制的影响。真实的因果关系有可能正好和我们的阐释相反。为此我们做了检验，很满意地排除上述可能的解释：我们的结果至少在这一点上没有问题。在针对政治暴力的统计学研究的小圈子里，我们最强劲的竞争团队是斯坦福大学的詹姆斯·费伦（James Fearon）和大卫·莱廷（David Laitin）。和我们一样，他们也建立了一个模型，分析可能引发暴力的因子，但细节上和我们不同。我们认为，要验证民主是否增加最底层10亿人的国家的暴力风险，一个好办法就是用他们的模型，引入民主作为因子，看我们的结论是否成立。很遗憾，检验结果证明对于这些国家，民主制度的确增大暴力风险。在我看来，最有意思的结果是当我们对各种形式的政治暴力逐一进行分析时发现的。我们研究暗杀、骚乱、政治罢工、游击队事件以及血腥的内战。让我吃惊的是，每一种形式的暴力都发现同样的规律：在低收入国家里，民主制度加剧政治暴力。

我不相信这些结果揭示的关系是一成不变的：后面我会论证民主制度在最底层10亿人的国家里是可行的。不过让我们暂时假设以上规律不可改变，那么这个发现有什么意义？其意义在于，本着维持和平的目的来判断，国家的发展之路有一个优先顺序，即先发展经济再改革政治。推行民主化的理想时机应该是国家经济发展达到中等水平的时候。

当多米尼克和我仔细揣摩这些结果的时候，我们围绕一个简单的疑问困惑不已：为什么？这个疑问实际上分为三个不同的问题。首先，为什么民主降低政治暴力风险的良性效应会以收入水平为前提：国民收入到底在哪一点上决定民主在发达国家有利于和平稳定？其次，正好相反，为什么专制国家收入水平越高会越危险？最后，同时也是最不可思议的是，一旦把民主和独裁两种制度与收入相关的效应考虑在内，就会发现民主体制还进一步存在一个纯效应，使得社会的暴力风险更高。它就像某种不可观测的暗物质一样，作为一个常数潜伏在数据模型里,窥伺着所有的国家。它到底是什么?这些都不是容易解答的问题。

为了洞察问题的关键所在,我采取一个简单的心理学方法,想象自己是最底层10亿人的国家里某国僭主,迫于援助国的压力进行民主改革。在民主化之前,我是如何维持稳定的?民主化又怎样改变我所面临的问题?我显然不是第一个思考独裁者如何才能保住权力的人。希罗多德(Herodotus)[1]曾记载,年轻的佩里安德(Periander)[2]当上科林斯(Corinth)[3]的僭主时,派使臣去向一位身经百战的长者——米利都(Miletus)[4]的独裁者色拉西布洛斯(Thrasybulus)请教。色拉西布洛斯掌权有道,他对一个刚步入僭主生涯的后辈有什么指点?色拉西布洛斯领着佩里安德的使臣走进一片玉米地,一边讲话,一边不断地把所有最高的玉米秆顶端的雄穗一一掐下。使臣疑惑不解地回去复命,佩里安德却心领神会。虽然在希罗多德之后的2500多年间社会科学不断发展,但我认为这个故事对保住权力手段的解释堪称经典。如果让我们来概括一下色拉西布洛斯的用意,那就是稳握大权的关键在于先发制人:对自己构成潜在威胁的人,要抢在他们动手之前先将其肃清。那么,民主会影响我发动整肃运动的能力吗?抢先整肃异己的尴尬之处在于它违背法律原则:哪怕对方没做任何事情,也要施加惩罚。这样的行为,哪怕是低水平的民主制度也是不允许的。

一旦实行民主制度,领导人发动整肃运动的能力就会被削弱。

---

[1] 希罗多德(约前484—前425),伟大的古希腊历史学家,著有史学名著《历史》。——译注
[2] 佩里安德(前665—前585),公元前7世纪古希腊科林斯的第二任僭主,古希腊七贤之一。——译注
[3] 科林斯,古希腊城邦。——译注
[4] 米利都,古希腊城邦。——译注

这也许是对前面提到的"暗物质"的一个可能解释。如果领导人失去抢先清洗异己的能力，那么他们可能也不那么容易压制政治暴力。这也许就是为什么民主制度除了以收入为前提的效应之外，还另外有一种导致政治暴力增加的纯效应。希罗多德为我们提供了一个思路，现在该是检验它的时候。

我们找到一个纪录肃清事件的大型政治学数据库。不管你信不信，这些事件是按照国别和年份来衡量的。在控制其他可能的影响之后，我们想看看民主是否增加肃清行动的难度。果然，即使是较低水平的民主也能从根本上降低发生肃清事件的概率。在用镇压来维持和平这种事情上，民主从技术上迫使其大幅退步。

关于民主化如何增大维持稳定难度的问题，如果你需要一个实际的、最近真实发生的例子，且看伊拉克。无论现有体制有什么局限性，它比起萨达姆·侯赛因（Saddam Hussein）执政的时候肯定是大大的民主。但是侯赛因治下的伊拉克是一个相对和平的国家。虽然不是人们向往的那种和平，但也算是某种和平，而且它肯定是靠先发制人的镇压手段来维持，而没有建立在公民对政府的认同之上。

所以我认为，镇压行动从技术层面上受到削弱的事实，可以为我们发现的"暗物质"——民主带来的政治暴力高风险——提供一种解释。那么，为什么民主的净效应会随着收入的增加愈发趋于良性呢？我认为答案就在我先前讲过的两种影响之中：政府责任和执政合法性。

在最底层10亿人的国家，伴随民主制度而来的政府责任和执政合法性这两个效应未能降低政治暴力的风险。其缘由既简单又直接，就是因为在这些国家，民主既没有实现政府责任，也没有树立起执政合法性。这到底是为什么？

这些年来，我遇到过很多天资聪颖的学生，然而毫无疑问其中最出色的当属蒂姆·贝斯利（Tim Besley）。他如今是伦敦政治经济学院一位非常优秀的教授，曾担任《美国经济评论》[1]的编辑。蒂姆所著的《有原则的代理人？》（Principled Agents?）一书，是当今针对"选举是否能约束政治家的执政行为"这个课题最严肃的理论研究。这本书颇有难度，不过我可以为你概述它的要领。蒂姆的问题在我们国家的情况下，答案是不言而喻的。如果现任的政治家连尝试从民所愿的努力都没有付出过，选民是会注意到的。政治领导人的言行受到媒体的监督，如果一个政客一贯损害公民利益以中饱私囊，那么他就不可能再次当选。政治家都想保住官位。一方面，我们姑且期望，是因为他们怀有为民谋福的使命感，但另一方面，显然也是因为从政是他们选择的生活方式：这是他们的职业，而且谁都不想失业。所以，夹在媒体的监督和自身对权力的渴求之间，政治领导人不得不为广大人民的利益而奋斗。

但是在最底层 10 亿人的国家，情况往往完全不同。假设选民们对他们可能的选择还是有那么一点珍贵的、有限的了解。即使是现任领导人在届内的表现——选民们才刚亲身经历过——也往往会有不同的评价。也许政府表现不佳情有可原；也许某些事情不应归咎于政府。最底层的 10 亿人所在的那些动荡的经济体中，事实往往就是这样：本国政府无法掌控的冲击频发，国家经济发展屡屡受挫。一个典型的例子就是某国出口产品价格大跌，经济因此崩溃。我能想到三个非洲的民主国家就在大选拉开序幕前遭遇这样的冲击，而这三个国家当时的政府在任内表现都还不错。一个是 1996 年大选前的贝宁，出口价格下跌的冲击导致推行改革的总统下台。

1　*American Economic Review*，经济学领域国际顶级学术期刊。——译注

类似的事件在1998年乌干达大选前也发生过，那次是国际咖啡价格下降。第三个例子是2006年大选前的马达加斯加，当时的冲击是出口价格下跌和进口石油价格的飞涨。是无法避免的外部冲击，还是政府治国无方？选民们怎么能分辨清楚经济危机的真实原因呢？当然，政府会解释，但政府历来惯于找各种借口推卸责任。选民们又怎么知道该相信什么呢？

没有充分而可靠的信息，选民们就很难作出理智的判断和决定。况且部分选民在支持还是反对现任领导人的选择上，不看其政绩如何，只根据自身的族裔身份来站队。在最底层10亿人的国家，族裔身份左右着大部分的投票。这些国家的国情往往是族群分立对峙，因此迄今为止身份构成了最直接的保障政治忠诚的基础。这种忠诚的问题在于，既然效忠不以具体的事实是非为前提，那么它同样也不以领导人政绩优劣为基础。选票直接被冻结在相互对峙的族群阵营里。而如果大面积的选票固定在支持或反对的阵营里，结果就是现任领导人拉到的选票对他的执政作为并不敏感：视他表现优劣而投票的人寥寥无几。综上所述，人民不仅缺乏可作为评价政府成绩的依据的信息，而且相对来说很少人会基于对政府的评价去投票。

另一个可能的情况是，由于自身的诸多局限，政府能有所作为的空间实在很小。特别是在多年疲软之后，政府可能对自身领导决定性的经济改革的能力失去信心。

最后，假设政府决心为国图强，它必须要放弃那些牟取暴利的做法。政府干涉经济可能会损害普通公民的利益，但这种制度为个别人迅速聚敛财富创造机会，也为政客奖励其忠实党羽大开方便之门。只有当所有的这些空子都堵上，领导人才没有维护对其忠诚的非常手段。

那么，问题是如何叠加起来的呢？对选民公开的信息质量恶化，越来越多的选票被族群政治冻结固定，政府对自身推行改革的决策能力失去自信，放弃糟糕的治理方式的成本上升。当这一连串问题积重难返，其后果就是选举制度根本无法督促现任领导人好好治理国家。而如果政客无须政绩出色就可以当选，那么——这就是蒂姆的关键论点——有志从政者的类型就会改变。如果正直和能力不能成为你的竞选优势，那么贤良之士就会被排挤出局，狡诈之辈取而代之。

证明上述一系列情况真实存在的一个令人沮丧的标志，就是在最底层10亿人的国家，民主政治制度容易吸引有犯罪记录的人跻身竞选。你也许会顺理成章地以为有前科的人根本没有参选资格。我想在美国或英国这没错，在其他高收入国家也是一样。但在最底层10亿人的国家情况就不同了。选民们没有充分的信息来分辨指控和实情：媒体要么是被封锁，要么就是太自由——不经核实就造谣抹黑的事情发生得太多，所以选民们无论听说什么都要打个折扣。还有一种情况是，选民们忠于自己族裔出身的政治家，哪怕是罪犯也要力挺。

相较于正直人士，当选执政对于罪犯的吸引力更大。很显然，其中原因之一就是只有罪犯才会利用执政的机会贪污腐败。但有时也因为当总统还有一个好处——行政豁免权可保他们免受司法起诉。你问问自己，豁免权对哪一类人尤其重要？对于正人君子，这条特权只不过保护他们免受恶意的攻击，而他们光明磊落，无须豁免也可以最终化解这些麻烦。然而对罪犯来说，有没有行政豁免权，可能就是逍遥法外和牢底坐穿的区别。有时罪犯参选甚至演变成一场闹剧。2007年尼日利亚政府选举时，就上演一场警方和当选副州长的角力，警方得抢在他宣誓就职之前逮捕他。是锒铛入狱还是入驻副州长府邸，千钧只悬于一发。

如果正直的人意识到自己竞选成功的可能性很小而放弃参选的话，选民们就连一个合格领导人的选择都没有，那么再去了解候选人的情况实际上也没什么意义。这更是加剧恶性循环。

蒂姆的研究引领着关于民主制度的严肃性前沿探索。然而与最底层10亿人的国家惯有的选举情况相比，即使是蒂姆研究的那个世界也过于太平。基本上，在蒂姆设定的世界里，政客仍然是按规则竞争的，只不过他们面对的是不了解情况的选民罢了。我再次将自己设想为一个老辣的独裁者，试图在民主制的新形势下保住大权。我面前有哪些选择？尽管承认真相不好受，但我得对自己说实话，我知道人民并不爱戴我。面对我的丰功伟绩，他们不仅不感激涕零，还越来越清醒地认识到，在我长年统治之下国家已是一潭死水，而一开始与我国类似的其他国家却蒸蒸日上。甚至有人散布言论蛊惑人心，将国家现状归结为我的过错。我摇摇头，难以相信局势已经走到这一步。我提起金笔，开始罗列我的出路。我决定权衡利弊，有条不紊地斟酌筹谋。

选择一：翻开崭新的一页，做一个好政府

好处：这可能正是大多数人的夙愿。它也将是一个转折，这么一来我会觉得自己更加高尚伟大，甚至可能给我的子孙留下一份值得骄傲的政治遗产。

坏处：我不知道该做些什么。我多年历练出来的执政手腕跟这玩意儿大相径庭，说到底就是大力网罗党羽、培植亲信。老天，我可能必须得读一读那些援助国提供的该死的报告。还有，即使我研究出来该改革些什么，现有的行政系统也没有能力去落实。毕竟，这些年来那些才华出众的或者正直的人都被我排斥出政府部门，因

为正直的人不好控制。是的,我读希罗多德读得太多。更糟糕的是,改革可能会招来危机。我的朋友们,也就是我身边围着的那群寄生虫一样的马屁精,也许不会容忍我这么做:他们没准一横心就发动宫廷政变推翻我,说不定事成之后还要向外界粉饰成改革呢!不过假设我改革成功,假设我真的推行正确的治国之道,我还能再次当选总统吗?我开始联想所有那些和我会过面的高收入国家的领导人,他们经常唠叨我要改革治国方式。他们后来都怎么样了?他们竞选成功的纪录如何?我做了一个粗略的统计——他们大概有45%的当选概率。也就是说,假如改革成功,我参加竞选将有45%的获胜机会。

这样看来,无论外国大使们喋喋不休地跟我作了多少关于治国之道的说教,选择一对我而言没什么吸引力。把我这个国家治理好的难度明显很大,所以相比那些走运的富裕国家的领导人而言,搞竞选吃力不讨好,让人望而却步。你考虑要不要为了众生之不平等而忧虑不安,这种心怀天下的感觉让人欣慰,但是你要为此牺牲纵情享乐的生活。你得最大限度地利用好现有资源。于是你想到,与那些富裕国家的同行相比,你拥有一个潜在的优势,那就是虽然需要通过竞选才能当政,但是你的行为并不受制于有效的监督机制。在这种情况下,有没有办法能让你哪怕继续领导一个糟糕的政府也照样当选连任呢?

选择二:欺骗选民

好处:你掌控着大多数的媒体,所以这事相对好办。另外,你的人民既没有接受过相应的教育,也没有可供参考的对象,无法判断国家的状况到底有多糟糕。所以你可以告诉他们由你当领袖他们是多么幸运。

坏处：多年来你一直是这个口径，如今你说的每句话在人民那里都要大打折扣。

总的来说，虽然愚民策略还是值得一试，你也不能指望靠这个办法赢得选举。

选择三：让少数派来背黑锅

好处：这个办法可行！你可以把一切问题的责任推到国内的少数派头上，或是归咎于外国政府：津巴布韦总统穆加贝就是榜样。仇恨政治有着源远流长的历史，在竞选中运用也非常奏效。最底层10亿人的大部分国家都有不招人待见的少数族裔可供批斗，而且实在不行，你尽管骂美国好了。同时你可以多多地向你的族群承诺好处。

坏处：你最好的一些朋友是少数族裔。事实上，他们多年来一直资助你以求回报。你喜欢少数族裔出身的商人，因为无论他们坐拥多少财富，都不可能在政治上对你构成威胁。你反而不希望出身多数族裔的人在商界坐大。如果你把少数族裔逼得太狠，他们就会撤走献金。

所以，虽然找个替罪羊行得通，但事情做过头就要付出代价。

选择四：贿选

好处：相对于反对党，你搞贿选大有优势，因为你比他们更有钱。

坏处：你相信人们会遵守交易的约定吗？如果你给钱，他们真的会选你？毕竟，总会有些吃里扒外的人。

总而言之，你心里没底。要是有点可靠的研究证据就好了！你

第一章 选票与暴力

上网搜索，无意间发现牛津大学非洲经济研究中心（Centre for the Study of African Economics at Oxford）的一个叫佩德罗·文森特（Pedro Vicente）的人写的东西。你开始浏览他的文章，可能很快就被吸引住。佩德罗做了一个关于圣多美和普林西比的随机对照试验，这个国家就在你国家的海岸对面。

一番枯燥乏味的阅读之后，你发现他的要点在于探讨贿选能否被制止。然而再看下去就找到你正急需的精华内容。在有些地区贿选行为受外部监督所限，而在别的地区就没有监督。在没有监督机制的地区，贿选的候选人能拉到更多的票数。这么说来贿选有用！

事实上，贿选有两种方式：零售和批发。"零售"式的贿选成本高、难度大，但可能仍然值得去做。其优势在于你可以挨个拿下那些对你获胜帮助最大的人。比如肯尼亚总统莫伊，他敏锐地紧盯着那些关键选票，所以尽管只有37%的支持率，他最终也如愿当选。为什么贿选不会引火烧身？如果英国工党给个别投票者送钱换取支持，一旦被揭发，对他们大选的打击无疑是巨大的。但在很多国家，人民对选举另有看法。因为政客在任上无所作为，于是人们指望在这一段短暂的时间内，当他们行使这点微不足道的权力时，政客们好歹会报以恩惠，而且钞票装进口袋比什么承诺都强。不过，即使政客们可以贿赂选民而不受到抨击，他们用什么来保障这笔交易如愿达成呢？毕竟投票是不记名的。怎么才能防止选民拿自己的钱却又投票给反对党？

在肯尼亚，反对党意识到，如果劝诫人民不要接受政府的贿金，那就输定了。所以他们压根就没有尝试这么做。与此相反，他们提议，人们应该一边收下政府的钱，一边投票给反对党。但是，为什么反对党出了这个主意依然无法有效对抗贿选呢？因为政府在两点上占上风。第一点挺荒谬的,居然是道德:一般说来,拿人钱财却不替人消灾,普通的正派人士会过意不去。反对党的理由是用一个错误去制止另一个错误。虽然这招很聪明,但对人们的良心是一个折磨。第二点是选民们惧怕被查出来:投票的保密程度到底如何?津巴布韦总统穆加贝的手下满大街散布消息,称政府会知道票投给谁。在政治腐败无孔不入的情况下,这种威胁可不能视作儿戏。

再者,并不是一张选票就能决定政府的去留:实际上,它对结果根本就毫无影响。所以,即使为反对党投票被政府查到的可能性很小,也不值得一试。这么做有可能给自己招来麻烦。作为一个本来就贫困潦倒、靠辛劳打拼养家的成年人来说,冒这个险是不负责任的行为。

任凭思绪驰骋这么远,这位总统可能已经开始盘点起自己的财产来。贿赂一个普通的选民需要多少花费?他需要收买多少选票?他买得起多少选票?在某些国家,他大可高枕无忧:贿选成本在他的预算范围内。在另一些国家,他可能得考虑还有没有省钱一点的办法。当然有,那就是"批发"式贿选。

"批发"式贿选不针对选民个体,而是收买一整个群体的选票。集体投票的形式在贫穷的传统农业国很常见:凡事由当地的有头有脸的人说了算,他们的建议很少受到质疑。当计算选票的时候,许多村庄都是100%地投给某一位候选人。所以如果某位大人物能决定一个地区的选票,那么显然收买他的支持比挨个贿赂选民实惠得多。

综上所述,你的结论是贿选策略正合你意。唯一的问题是你有没有足够的钱去买到赢为止。这一点促使你继续往下想。

选择五：恐吓

大多数政治家都在努力赢得选民的好感，然而还有一种与之迥异的手段是恐吓选民。

好处：大多数人并不勇敢，在面对打手的暴力威胁时，他们只会退缩屈服，不会挺身反抗。恐吓策略的一大优势在于，虽然你管不住他们选谁，但你能决定让不让他们投票。既然你处于一个以族裔身份划分阵营的政治环境里，你非常清楚地知道哪个族裔会选你的竞选对手。所以你可以警告他们，谁敢投票谁就遭殃。这招奏效吗？肯尼亚总统莫伊曾经逼迫居住在东非大裂谷的大批基库尤人（Kikuyu）搬迁，因为这群人可能会投他对手的票。迁移所到之处都不是他们注册投票的地区，所以莫伊总统不再需要担心。他声称这起导致基库尤人出走的暴力事件只是地方上一桩涉及土地所有权的纠纷罢了，但根据名叫姆旺吉·肯曼依和恩朱古纳·恩东古的两名肯尼亚学者做的一份详细的统计研究表明，总统先生在撒谎。他们的结论是"这起暴力事件的中心理由很可能是为了在大选之前保持该地区的政治经济现状"。[1] 的确如此，在事件中那些所谓狂怒失控的部落武士使用的弓箭产自东亚，极有可能是由政府提供的。你也想起穆加贝总统恐吓反对党的支持选民时从不低调遮掩。

坏处：如果在政治上使用暴力，谁也不知道事情会发展到什么程度。对方也可能以暴力还击。毕竟，他们在人数上占优势：若非如此，你也不用担心选不上。你可不想引发暴力斗争，要是最后失败了，那真是搬起石头砸自己的脚。

---

[1] Mwangi Kimenyi and Njuguna Ndung'u, "Sporadic Ethnic Violence: Why Has Kenya Not Experienced a Full-Blown Civil War?" in *Understanding Civil War (Volume 1: Africa)*, ed. Paul Collier and Nicolas Sambinas (Washington, D.C.: World Bank, 2005).

总而言之,暴力很可能变成烫手山芋。反对党暴动起来没准比你凶狠得多。不过这也不是放弃的理由:你可能需要以暴力来压制反对党发动的暴力行动,毕竟他们也在打着同样的算盘。但是光凭暴力无法保证你能赢。

选择六:设置资格限制,把最强的对手排挤出局

好处:这个计划特别令人心动,不仅增加你获胜的几率,而且还直接打击到你最痛恨的人:你的政敌们。你不得不找个理由淘汰他们,但这事并不难。你可以指控他们贪污腐败——毕竟这极有可能是事实。这个计划还有一个微妙之处,既然援助国一向督促你要加大反腐力度,那么你这么做他们无话可说。尼日利亚总统奥巴桑乔和南非总统姆贝基(Thabo Mbeki)是你在国际上的榜样,他们的政敌都被起诉了。不可否认,那些人本来就该被法办,但你仍然可以声称你是在效仿这些先例整顿腐败分子。如果腐败的话题太敏感、不可轻易触碰,那么你不妨拿国籍说事。最底层10亿人的大多数国家族裔构成非常多元化,不同族裔的人口迁徙很普遍,只需给某人捏造一条祖上的外来籍贯,就可以轻而易举地剥夺他的公民身份。你大可以一不做二不休,学习尼日利亚总统阿巴查(Sani Abacha),把所有竞选对手都踢出局。听上去也许不合情理,不过这么做了之后照样可以进行一场有竞争的选举。如果以上方法均不可行,还可以找人刺杀你的对手,例如2007年巴基斯坦大选之前贝娜齐尔·布托(Benazir Bhutto)的遭遇,如果不是被袭击身亡,可能就是她当选了。

坏处:除非你破釜沉舟、把事做绝,否则无论你的对手有多么差劲,人们总有可能把他选上去。老百姓什么蠢事干不出来?你不

禁伤感地想起科特迪瓦总统盖伊（Robert Guei），这位总统的故事我们稍后再讲。

所以让重要对手都滚蛋是明智的，但这还不够。你焦虑地思索是否还有别的方法自己还没想到。于是你突然长长地、深深地舒了一口气。

选择七：在统计选票时做手脚

好处：你总算想到一条听上去相当可靠的妙计。用这条计策你根本不可能输：执政党1票，在野党1000万票。报道头条这么写："执政党以一票险胜。"这一招也可以用来巩固其他几个策略。

一旦人民意识到你怎样都能赢，他们投票的真实数额不算数，他们就更没有动机拒绝你的贿金而去支持反对党。你也可以把这条计策作为备用，等你预计自己快要落选的时候拿出来救场。在2007年肯尼亚大选中，当议会选区的结果一个接一个地出炉时，眼看反对党的总统之位已是十拿九稳，然而当选举委员会把这些选区的票数加和统计成全国总票数之后，瞧瞧，在任总统以微弱优势取得胜利。

坏处：如果你动作太大，定会招来国际舆论批评。还是小心为好：肯尼亚大选结果出炉之后，欧盟发现数据前后不一致，颇有微词。有一个选区支持总统的票数很不巧被公布出来，起初是50 145票，这个数字在最终统票的时候却变成75 261。

最后这个方法绝对是最适合你的。只要记住过犹不及，别弄出个得票率99%来，搞得像是苏联的选举结果似的。

我的总统幻想到此结束。让我深感震撼的是，从一个自私的政治领导人的角度来看，相对于好好地管理一个称职的政府这样一个艰巨又不可靠的选择来说，其他的歪门邪道有多么大的吸引力。在一个典型的发达国家的选举中——以经合组织（OECD）成员国为标准——现任政府有大约45%的几率连任。在最底层10亿人的某个国家的选举里，尽管选民们通常有着更多的对政府不满的理由，但是现任政府获胜的概率更漂亮，高达74%。政治学家们建立一套民主政治的衡量指数，名为Polity IV，最低为-10，代表地狱一般水深火热的恶政，逐渐上升直到+10，代表天堂一般理想完美的善政。以这套标准来衡量，最底层10亿人的国家里有一些国家落在-10到0之间，他们的总统们连任的成绩却是惊人，达到88%。不管是什么原因，在这些国家里，现任总统们真的非常善于赢得选举。

我决定要系统地研究胜选策略。为此我找到佩德罗·文森特，他已经进行过关于两个接近西非海岸的岛屿佛得角（Cape Verde）和圣多美（Sao Tome）的相关研究，在这个领域已有经验。我劝佩德罗说，我们应该瞄准更大的目标：虽然小小岛国提供比较理想的自然试验的例子，但我们应当尝试研究一个重要的新晋民主国家。我们选择2007年刚结束一场大选的尼日利亚。除了尼日利亚作为非洲最大的经济体而举足轻重之外，还因为关于该国已经有人做过一些很棒的小型统计学田野调查。该国素有社会环境艰难险恶的口碑，它的物价也高得惊人。

所有小道消息都说尼日利亚的选举有猫腻。总统奥巴桑乔早就有意修改宪法，以便自己能继续当第三任总统。修宪需要国会通过，而觊觎大位的副总统则奋力阻止奥巴桑乔。经过一场胶着而激烈的国会投票，副总统成功地禁止总统第三任期。修宪失败，这下总统奥巴桑乔连个钦定的接班人都没准备好，因为很明显他怕养虎为患，从来不愿培植任何能接替自己的人。更糟的是，副总统利用他在现任政府中的地位，已然站稳脚跟，成为呼声最高的下任总统人选。如果有一个人让奥巴桑乔不想输给他,那就是这位副总统。所以,在选举前不到 12 个月的时间内,他必须打一场恶仗,推一个自己人出来和副总统竞争。当大选活动临近,他告诉他的党派,"要么干一场,要么就等死"。每个人都明白这句话意味着什么:它意味着不择手段。也就是说,这意味着"参考上文中列出的选择"。

有一次,在尼日利亚实地考察期间,我认识一个叫奥蒂福·伊格布泽(Otive Igbuzor)的政治活动人士,他发表见解直言不讳,给我留下深刻的印象。虽然我不赞同他对经济的一些看法,但是当他谈到国内政治问责(political accountability)缺位的问题时,讲得既逻辑缜密又富有激情。他也非常乐于倾听他人的意见,即使面对我这个老外也不嫌弃,愿意和我探讨。于是我们决定合作。我带着一个研究团队做科学的田野试验,他负责一个活跃的非政府组织"行动援助"(Action Aid)在当地的分支机构,他的团队由一群富有使命感的当地人组成。我们共同设计一个田野试验,旨在研究三种非法策略:贿选、恐吓和计票舞弊。此外,密歇根州立大学有一个团队在为泛非研究机构"非洲晴雨表"(Afrobarometer)做政治倾向调查,他们也是我们的合作方。我们试验的核心是看能否设法制约针对选民的恐吓行动。

在尼日利亚某一次选举期间,我们开展了一项研究,尝试减少政治暴力。因为当时预测那次选举的问题特别多,所以我们真是在挑战极限。全体参与人员都面临着一定的人身危险。除此之外,佩德罗还停下手头本可以完成并发表的论文,来加入这个高风险的项目。这项研究要持续好几个月,并且很可能什么成果也拿不出来,而佩德罗当时的经费要到期了,他要靠发表论文才能获得下一个研究职位。我本人也需要鼓起那么一点勇气,好去安抚那些资助我们的研究基金会,向他们保证我们不是在往水里大把扔钱。那次选举的确出了很多乌七八糟的事情。欧盟派遣的监督员说该选举"不可信",而人权观察将其形容为"一场闹剧"。在本书成稿之时,已经有5名当年入选的州长被尼日利亚法院起诉免去公职。在广大尼日利亚人看来那次选举明摆着漏洞百出,而这些漏洞正好是我们的研究所需要的。

对于三种非法策略我们都发现明确的统计证据。"行动援助"发起的反恐吓行动大有成效。他们随机挑选开展行动的地区,事后发现在这些地区的选民更有勇气投票。我们在选举前后均做了采访,和其他地区相比,那些开展行动的地区有着更多的最初放弃投票的民众后来又改变主意。另外,除了投票率整体上升之外,那些公认的纵容暴力的政客的票数下降了,因为最初准备为这些候选人投票的人反悔了,最终待在家里哪也没去。

面对如此棘手的问题,单凭一个非政府组织发动一场行动就有如此显著的效果,实在是难能可贵。然而惊喜还不止这一点。我们还发现贿选和计票舞弊二者是相辅相成的。我们的衡量方式是调查在民众心目中,该选区的贿选和计票舞弊行为严重到什么程度。我们发现,选票操纵的结果有利于当地的执政党。诚然,只有执政党才有能力操控计票。但令人惊讶的是,当贿选和计票舞弊的情况较少时,对选民的恐吓就会相对比较严重。由此证明,至少在尼日利亚的选举中,暴力恐吓是政治上弱势的候选人普遍采取的竞选策略,这也许有一点类似于恐怖主义。

由此看来,尼日利亚的政客们显然采取的是扰乱社会秩序的竞选策略。想一想这么做的后果吧,在前文分析过的几种选择都可行的情况下,选举竞争再不可能有什么政治问责可言。如果政客通过这些无耻手段赢得乌纱帽,这样的民主制也无法赋予他们执政合法性。落选的一方不会说"很好,现在由你来领导",而会说"你是靠舞弊上位的"，然后发动骚乱。换句话说，民主选举本身无法解决暴力问题，也无法解决改善政府功能这个更大的问题。这种民主选举只会把政府领导班子拉进臭水沟。这简直是一定的。一旦胜出，赢家便从此掌握最便捷高效的吸引选票的手段。因此为了在政界生存，选举竞争变成一场达尔文式的弱肉强食的斗争。在制衡机制缺位的情况下，最便捷高效的手段压根不会是尽职管理国家——这个选择恐怕要排到最后。

尼日利亚地方选举中有一件事吸引我的注意。那是联邦首都阿布贾现任市长 Nasir el-Rufai 争取连任的竞选活动。与大多数同僚不同的是，他主政期间颇有作为。他的能力得到广大的尼日利亚人的认可——2006 年他被授予"银鸟"年度人物奖。的确，以各种标准来衡量他都是个能人。作为一个尼日利亚年轻人，其教育背景很了不起——他毕业于哈佛大学商学院，成绩名列前茅。而且他作为现任市长，非常难得地没有利用权力来进行运作，相反，他诚实守法地参加竞选。结果他输了，事实上他甚至没能在初选中获得党内提名。舞弊手段的力量如此强大，正直的候选人难以与之相争，往往都会落得这样的下场。

我们从选举如何博弈的问题开始探讨到这里。我研究得出的最重要的结论，就是在最底层 10 亿人所处的一个典型的国家里，选举竞争非但不能督促政府实施利国利民的政策，反而会让政府更腐化堕落。不过，现任官员即使要在选举中做手脚，他们同时也可能全力以赴做好本职工作。换言之，做一个好政府和采取其他不合法的手腕并不相互排斥，相反它们可以互补：一个怕输的政客可能会把所有正当的和邪门的方法都试上一试。为了验证这一点，我们需要考察的不是政客在竞选中使用的策略，而是当选后推行的政策。

毫无疑问，自90年代初开始有了选举竞争以来，最底层10亿人的国家的经济政策趋于好转。那么是否真实存在这样的因果关系：民主体制促使政府推行更好的经济政策，尽管当初在大选中他们赢得并不干净。这个假设似乎颇有道理。我曾与年轻的法国经济学家丽莎·肖维（Lisa Chauvet）合作研究过政策和政府管理改革的先决条件。民主和选举对改革的可能性有什么影响，这个课题算是在我俩先前合作的基础上一个自然的拓展，因此她也加入进来。唯一的问题是她当时怀有身孕。我们争分夺秒地工作，赶在小迪亚哥出生之前完成课题，拿到我现在向你展示的成果。

我们的研究囊括所有在某一时期曾经民生凋敝并且政策和政府管理都有重大缺陷的国家。我们的目标是解释为什么有的国家在某个特定的时候得以走出困境、改革成功，以及研究民主制——特别是选举——对这个进程所起的作用是推动还是阻碍。"政策和政府管理"这个词组写出来容易，人们也能在合理范围内就其指代意义达成共识。但是在研究工作中，这是一个很难精确考量的概念，更难的是，我们需要一个衡量政策和政府管理的指标，要求对于尽可能多的国家、在尽量长的时期内都可以找到，并且其量化方式都一致。符合条件的指标只有两个，第一个是世界银行整理的"国家政策与体制评估"（Country Policy and Institutional Assessment），另一个是一家公司统计的"国际国家风险指数"（International Country Risk Guide）。两个指标都建立在专业人士的评估基础上，其量化过程有点类似标准普尔主权信用评级。我们选用世行的评级，主要是因为世行的数据比另一家评级公司的要早开始7年，时间跨度更长一些。

我们之前已发现有一些先决条件明显有利于改革的推进。比如国家人口越多，改革起来就越快。我想这是众多人口为讨论经济政策的专业刊物发行提供了市场的缘故。印度有一家报纸叫《经济日报》，发行量120万份，实力雄厚，记者遍布全世界。假如津巴布韦也有那么一家专业的经济类报纸，发行密度也和印度的《经济日报》相同，那么以津巴布韦的人口，这家报纸的发行总量也不过1万份，因此津巴布韦出不了《经济日报》。另外，援助国提供的技术支持对经济改革也有好处，不过当地政府往往不重视这种外国专家来指导改革的援助方式。然而与以往的课题不同，我们在这次研究中看的是选举和民主体制对经济改革的作用。

研究选举有一个问题，就是选举往往没有一套既定的时间表，而是顺应时势的产物，而催生选举的时局本身也有可能推动改革。如果研究者不懂得思辨就麻烦了。我举个例子，假设实际情况是人民要求社会变革，他们时不时地能争取一点政治上的突破。假设他们在渴求经济改革的同时，也呼吁实行民主制度，结果他们既进行选举也推动经济改革。如果研究者不仔细，这件事情看起来就像是选举导致改革。那么他需要怎样做才能避免错误呢？答案是得找到一个东西，它既能合理预测下一次选举时间，又不影响当下发生改革的概率。我们能想到的最好的主意，是根据前两次选举之间的时间间隔来预测下一次选举的时间，理由是在许多国家选举都有比较固定的频率。的确，在部分国家选举的时间表是具体而确定的，比如美国。在这些国家，政府无法左右大选的举行时间。因此只用这类国家的数据来进行重复分析，是检验结果可靠性的一个简单方法。

接下来我们就开始研究两次选举的时间间隔如何影响政策和政府管理——是进步还是倒退？我们发现了一条清晰而明确的关系。紧接着一次选举之后的数年内，政策改善的概率逐年提高。再往后，快到下一次选举时，改革的概率却转而逐年下降。选举之前两年的时候改革几率急转直下，而选举前一年几乎不可能有任何政策和治理的改善。这些结果告诉我们，距离选举的时间最长的时候——不管是上一次还是下一次选举——改革的可能性最大。为什么会这样？也许在选举结束之后的一两年内，政府刚上台，落实改革的能力不足；而下一次选举即将到来的时候，政府又忙于准备争取连任，没精力搞改革。毕竟，大多数改革要等好几年才能见效，而任何在下一次选举之前看不到的成效在政治上都没有好处。

这个结果让人高兴不起来：它意味着选举在一定程度上对于改革的实施不但没有起到激励的作用，反而成为干扰因素，让政府无法集中精力做事。我想起我的朋友恩戈齐·奥孔约·伊维拉就任尼日利亚的财政部部长时曾对我说，虽然政府为期4年的任期才刚开始，给她推行改革的时间却只有3年。"最后一年全用来搞政治。"总统这么跟她解释。后来正如我上文所述，改革果然在下一次大选之前无疾而终。不过也可以这么理解，所有表现出来的选举效应实际上是政治性经济周期（political business cycle）的一种变体。所谓政治性经济周期，原本是富国的政客们和选民玩的把戏，临近选举就实施刺激经济的政策，往市场里注入大量货币；而无论谁上台都得在接下来的几年里收拾前一任留下的烂摊子。不过，就算有政治性经济周期这种弊病，也不意味着民主不如独裁。这个事实仅仅表明民主体制并不完美。所以，我们发现的选举效应本身并不能说明，对于一个亟须经济改革的国家而言，民主和独裁两种体制孰优孰劣。

为了回答这个更深层次的问题，丽莎和我使用政治体制（polity）衡量指标。国家体制到底有多民主？政府的权力是否受到约束？特别是候选人是否遵守规则、诚实竞选？幸运的是，政治学家们早已发明出一套标准来分类量化所有这些方面的情况。例如，我在前面提到过，我们使用的标准衡量指数叫做Polity IV，它按由低到高的顺序，用0到10的数字为民主制度赋值；同理，-10到0则标志着独裁体制由强到弱的程度。按照这套标准,"人间天堂"朝鲜为 -10,挪威、瑞士这种完善纯粹的民主国家为 +10。最底层 10 亿人所在的国家选举竞争乱象丛生,最高排到 +2 或 +3,而它们在民主化浪潮到来之前平均处于 -6 的位置,也就是说它们曾经大多数是独裁国家,目前这些国家平均在 0 左右。当我们把政治体制指标加入考量时,发现它们具有更深一层的效应,只是之前被选举导致的周期性现象掩盖和混淆。选举有可能促使政府进行改革,但也可能适得其反,诱使其在恶政的道路上越走越远。那么在一个国家搞选举,到底会造成哪一种效果呢?这个问题部分取决于该国社会结构的状况,部分取决于政治体制的构建。国家人口越多、族群对立现象越少,选举制度就越能取得好的效果。同样,在政府权力受到制衡的政体,尤其是选举过程合法有序的国家,选举制度对国家就越有利。有证据表明,在族群对立的小国,如果没有规范选举行为和操作程序,那么选举制度往往会成为经济改革的障碍,而不是催化剂。

这个结论意味着,到目前为止在最底层 10 亿人的国家,民主化进程仍然在"越民主越糟糕"的困境里徘徊——愈发普及的民主制度很可能事与愿违地阻碍应有的经济政策和政府治理的改革。这些国家自民主转型至今,已经失去了专制集权曾经有过的那么点便利,但又尚未发挥出民主的优势。通过民主转型走向民富国强,对于典型的最底层 10 亿人的国家来说依然任重道远。事实表明,举行选举容易,而权力制衡难。总统们欣然笑纳选举制,因为赢得大选就像受封加冕一样荣耀,他们真正担忧的是自己的权力可能被分散牵制。但是最重要的事实是,他们都意识到只要权力不受制约,自己就有把握竞选成功。

总的来说,关于选举和民主化的研究结论是一致的。如果说民主比选举的影响要多一点的话,那就是它还会破坏改革进程。我不喜欢这些结论。如果在走向成熟的民主制度的道路上每一个阶段都能看到一点改善，那还能让人欣慰一点。但遗憾的是，实际情况看上去并非如此。

不健全的民主制对改革造成的损害，与最底层10亿人的国家里的选举乱象也是吻合的。我们前文列举的6种龌龊的非法竞选策略不仅占上风，而且这些烂招并用，竟还构成另一种路线，取代尽职治国的正道。那么，为什么没有几家政府是既在选举里做手脚，同时又做好政府工作以争取更大的赢面呢？双管齐下岂不更好？我想这是因为那些非法的手段需要建立在恶政的基础之上，与善政相悖。即使你明白把国家治理好是值得的，但是如果你选择暗箱操作，就无法再走正道。

这个冲突的原因之一是钱的问题。当奥巴桑乔先生得知他不可能再担任第三届总统之时，他很清楚自己面临着一场艰难的竞争：把一个无名小卒推出来参选，如何才能在寥寥数月之内与地位稳固、实力雄厚的政敌较量，最终赢得尼日利亚大选呢？答案是需要巨额经费。然而在3年之前奥巴桑乔总统就初步推行可问责的公共财政政策。他任命恩戈齐·奥孔约·伊维拉为财政部长，O. 埃泽奎西利为公共采购局局长。这两位坚韧能干、笃信基督的女士已经切断可能用于政治上收买人心的资金来源。为此，在国会作出拒绝他连任第三届的决定后仅一个月之内，总统先生就迅速地把这两位官员换掉，使得她们无法再管控政府资金。经济和金融犯罪委员会主席努胡·瑞巴杜是唯一没有被撤换的备受瞩目的反腐败人士。2007年，他勇敢地起诉詹姆斯·艾博瑞（James Ibori）——他可是总统奥巴桑乔选出的继承人的重要金主。结果，瑞巴杜先生在短短3个月后就丢了职务。

另外，那些有效的手段于法不容。总统穆加贝为了取消总统任期限制而发动公投,他失败了,也意识到自己下一次大选凶多吉少。于是他开始一系列破坏法治的动作,第一步就是迫使首席法官提前退休,并任命自己的心腹官吏。随着法治逐渐被瓦解,以扰乱经济为代价聚敛财富的机会来了,而总统穆加贝如愿以偿地逐一笑纳——公民财产权受到侵犯,最终总统把国家引向恶性通货膨胀。换言之,政府为了实施非法的竞选策略,必须摆脱权力制衡制度;而如果制衡机制失效,其余的政策就很可能毁于一旦。

很遗憾,这些令人不悦的结论和日籍学者下松真之(Masayuki Kudamatsu)教授的最新研究不谋而合。他探讨的是非洲国家选举制度的兴起是否使得婴儿死亡率有所降低。毫无疑问,降低婴儿死亡率是普通百姓最关心的问题,而在最底层10亿人的地区,婴儿死亡率居高不下的状况是完全可以避免的。选举应当赋予公民权利,以督促政府采取措施,避免幼儿夭折。他的研究表明,只有在屈指可数的几次现任政府落选的案例中,婴儿死亡率在新一届政府执政期间有所下降。而在普遍的以现任总统连任告终的选举之后,婴儿死亡率并无显著降低。

由此可见,无论是实际采用的竞选策略的证据,还是民主政府的施政业绩,在最底层10亿人的地区,都殊途同归地指向这样一条结论:在这些地区的特殊情况之下,选举竞争未能产生可问责的政府。我一开始讲过,随着选举竞争的推广,最底层10亿人的国家的经济政策和国家管理有了长足进步。那么问题来了,如果不是选举,那究竟是什么促成这些进步呢?

我觉得有两种可能的解释。第一种解释比较简单,也可能更符合实情——是因为这些国家从过去的错误中吸取了教训。从错误中学习是一种艰难的历练,然而最底层10亿人所在的所有国家都走过来了。高收入国家显然也经历过这个过程:上个世纪70年代的通货膨胀不会再演,因为高收入国家的选民们再不可能容忍这样的状况,而且政府也已有应对经验。非洲很可能也经历了同样的过程。除了津巴布韦之外,其他非洲国家的通胀率都远远低于历史水平。无论最底层10亿人的国家的选民们对政府是否有影响力,精英阶层可能都已经认识到这一事实,即通胀和其他糟糕的经济政策都是不明智、不划算的。

另一个可能的解释是援助国的贷款条件对政府施加约束,迫使其推行改革。我并非完全不相信这种解释,但人们行为背后的动机是很难摸清的。在某种程度上,援助国贷款条件也许确实能强行推动改革。但如果要找统计证据的话,我们看到的是援助条件非但没有加速改革,反而还成为障碍。政府不乐意被迫去做自己不情愿的事情。为了避免此类状况,他们有的是对策,而援助国在监督这些政府履行协议的方面又笨得惊人。所以我个人的判断是,援助国的附加条件并非经济政策进步的原因。如果是我,我宁可花钱从过去的失败中吸取教训。

我意识到,如果这种对选举竞争的批判是正确的,那么它的影响极大。旨在帮助落后国家发展进步的整套现代方法都是建立在民主选举能救国的假设之上。即使在最不利的条件下,选举制度也受到热烈的追捧。实际情况似乎证明这套救国妙方行之有效。比如阿富汗,作为世界上最落后的国家之一,在塔利班政权被推翻后仅仅数月之内就能实行选举。又如伊拉克,这个饱受暴力蹂躏的国家,竟然也能组织选举,投票率还相当高。再看刚果民主共和国,刚摆脱比利时残酷的殖民掠夺,又陷入总统蒙博托祸国殃民的独裁统治,紧接着是尸横遍野的内战,在经历重重困厄苦难之后,居然也能政治改革,搞差额选举。在我看来,我们是被苏联政府对任何形式的差额选举的恐惧误导了,以为只要能举行差额选举,就赢得了关键的胜利。实际上要在选举里做文章并不难,只有那些实在过分敏感多疑的独裁统治者才不敢搞选举。

为什么即使在最不利的条件下也很容易推行选举呢?自然是因为政党和选民都有强烈的参与动机。对于政党来说,选举是通向执政权力的阶梯。对于执政党来说,赢得大选既能巩固权力,又能让援助国承认其执政合法性,赌一把何乐而不为?对于在野党来说,至少有一线机会可以争取。而当执政党动员起他们的支持群体时,就算在野党没有胜算,也得积极应对,争取自己的支持力量,否则就等于把支持者拱手让与执政党。而选民们为什么要费心去投票呢?经济学家们在这个问题上迷惑不解,却忽略明摆着的事实。我们过分执着于这样一个观点,即人们是理性的,他们一定是受自身的物质利益驱使而作出某种行为。因此,我们的方法在很大程度上受到所谓"工具主义"(instrumentalist)的限制——或者更通俗地说,就是考虑"这对我有什么好处"。牛津大学一位年轻的北爱尔兰经济学家科林·詹宁斯(Colin Jennings)却帮助我从更现实的角度思考问题。因为受到家乡北爱尔兰的情况的启发,他强调人们通过投票来表达自己的身份,从而获得一种成就感。用投票表明身份认同,就好像球迷戴上自己钟爱的球队的围巾一样开心惬意。所以在以族群身份划分政治阵营的国家,选民投票率很可能特别高。荒谬的是,政治越是与政策好坏即"工具主义"投票理论的关注对象无关,人们越有动机投票。或许美国人民的投票行为是服从"工具主义"理论的。的确,这也有助于解释美国的投票率为什么不高。但是在最底层10亿人所在的族群对立的国家里,人们投票很可能主要是为了表明身份、划分阵营。

现在该总结我们这一章讲过的内容，虽然这些内容一点也不讨喜。民主制度，至少就其至今在最底层10亿人的国家里普遍实施的形式来说，似乎并不利于这些国家的和平稳定。相反，它可能导致更加频繁的政治暴力。与此或许相关的另一个事实是，民主制度在这些国家并没有产生对选民负责的、合法的政府。

在位的政治家们赢得大选所倚赖的那些手段，必须以乱政为前提。这一点是受有关民主制度阻碍改革的证据支持的。

在推广选举制的过程中，富有的自由派民主国家犯了基本的错误。我们想让最底层10亿人所在的国家变得和我们一样，却忘记了自己这一路是怎么走过来的。我们并非一蹴而就，从专制时代一步跨入自由的民主制度，又怎能罔顾现实，期待这些国家能够跨越历史上数个阶段的历程，一步到位完成过渡呢？

也许，我们鼓励这些国家搞民主选举，结果却弄得他们上不沾天、下不着地——既丢掉专制政体高效果断的执行力，又没有学到真正的民主国家的政府责任。稍后我会论证事情也没有看上去那么绝望，但目前还得继续展示这些令人不悦的东西。你将看到，这个问题是山重水复疑无路，柳暗花明又一村。最后，我以时任美国驻肯尼亚大使的迈克尔·兰恩伯格（Michael Ranneberger）的一句话来结束本章。兰恩伯格在肯尼亚大选揭晓之后，先是遗憾地评论"今天对于肯尼亚来说是一个可悲的日子"，紧接着又犀利地指出"我目前最担忧的是暴力问题，实话说，暴力冲突将会在部落之间产生"[1]。

---

[1] "肯尼亚大选中部落之间矛盾爆发"，《纽约时报》，2007年12月30日。

第二章

族群政治

在肯尼亚选举中,反对党候选人拉伊拉·奥廷加(Raila Odinga)出身于卢奥族(Luo)——肯尼亚48个部族之一。他获得卢奥族人98%的投票。这可是货真价实的按族群身份投票。不过,这有什么关系?

在相同的国籍之下,每个人都拥有某种别的身份,而且往往还同时拥有好几种。比方说,我本人除了是英国人之外,还是英格兰人,确切地说是北英格兰人。如果还要追根究底的话,我还是约克郡人。我教儿子丹尼尔唱我们的郡歌 "On Ilkley Moor bar t'at"[1]。2001年英国大选,最后是一个约克郡人和一个苏格兰人角逐首相之位。然而我和大部分约克郡出身的选民都投给那个苏格兰候选人。如果公民们同时拥有几种身份,国家可以运转良好;可是一旦人们对这些

---

[1] "在伊尔克利沼泽上不戴帽子",约克郡家喻户晓的方言民歌,歌词是调侃一个在伊尔克利追求女孩的朋友不戴帽子,会被冻死。——译注

身份的忠诚超越他们对整个国家的忠诚，国家就要出问题。卢奥族人的投票告诉我们，在最底层10亿人的国家，族群身份往往胜过国籍身份。

与高收入国家相比，最底层10亿人的大多数国家族群更加多元。而这种多元却几乎成了一个禁忌话题，因为这些地区的族群问题实在是太令人沮丧。我认为这些问题虽然的确棘手，但并非无解，只有正视问题，才可能找到化解之道。

族群多元性加剧了最底层10亿人的国家在推行正规合法的选举竞争过程中面临的问题。然而更严峻的是，族群多元性阻断国家体系的基本运转，即为社会提供公共物品这一功能。人们很容易据此断言，族群多元的最底层10亿人的国家需要的是政治强人。此言差矣：族群多元的国家搞民主虽然有缺陷，但落入独裁者手中更糟糕。不过政治领导人的确肩负着至关重要的使命：领导人必须首先塑造民族国家，而后才有政权国家。

人们对于自己的族群如此忠心耿耿，这种情感的根源究竟是什么？在没有政权国家的情况下，种族显然是集体行动的基础。对于在最低生活水平线上挣扎的农业社会，有一种集体行为是至关重要的，那就是保险。只能勉强维持生计的日子是很有风险的，如果正遇上犁地、播种或是收获的时候，你恰好病倒，那你的血汗钱就泡汤了。如果储粮遭了虫害，那你就等着闹饥荒吧。所以你需要灾害保险。而保险的问题就是经济学家们所谓的"道德风险"，这个含糊其辞的概念说白了就是：假如我有了保险，管他呢！如果你能给自己上一个防止收入损失的保险，何苦还要早起劳作？所以但凡道德风险的问题没有解决，保险就不可能存在。而化解道德风险的方法，不是愤怒地抗议保险公司怀疑你的人品，而是让他们能够观察

第二章 族群政治

到你的所作所为。只有保险公司看到你在尽全力好好工作，才可能为你提供收入损失的保险。对于一个私营保险公司来说，实施这种监督的成本高得惊人，然而对于一个社区群体来说却很容易做到。管闲事、嚼舌根、亲朋间互通消息，这些信息散布的形式在一个社群里再寻常不过，这些信息也正是保险所需要的。

然而，被保险人的行为可观测只是必要非充分条件。如果个人遭殃时有权利得到社群里其他成员的援助，那么这种权利必须建立在社群成员有互帮互助的义务的基础之上。问题是，谁会在社群里履行义务？如果任何人都能随时加入或退出这个保险群体，那么保险永远都是个亏，人们只会在陷入困境时宣称自己是群体的一员，而在顺境时就撇清干系。在经济学中这个问题叫作"逆向选择"，除非保险公司细心筛查，否则他们的客户群不会是整个人群的一个随机样本，而是一群自知面临高风险的人。因为这一点，保险公司设计一些方法来保证客户群体的组成是随机的，比如给企业全体职员提供集体保险，其条件要比给上门投保的个人客户的条件优厚得多。同理，这就是族群身份的作用，你无法选择自己的种族出身。如果你不属于某个族群，那么在困难时期你也无法加入这个族群；如果你是某个族群的人，那么一帆风顺时你也无法摆脱自己的族群身份。这就从经济学意义上解释了为什么人们对自己族群如此忠诚：在高风险、低收入的条件下，族群的存在让收入保险这种人们亟须的保障成为可能。时间一长，对族群的忠诚被道德力量加固强化，因为对族群履行你的义务在道义上是善举。

由忠诚支撑的保险造福于群体中每一个人，并且不以牺牲其他群体的利益为代价。然而，即使是在传统的经济体之中，对一个群体的忠诚有时也会损害其他群体的利益，最简单的例子就是敌对群体之间发生暴力冲突的情况。但是，在现代经济体中，对族群忠诚的影响远不止牺牲其他族群利益这么简单。国家的公共资金变成某一个族群集体占有的资源库，而这种占有是以牺牲他族利益为代价进行的，在这个层面上，对族群的道德义务就和对整个国家的道德义务产生冲突。

我的朋友约翰·吉桑格（John Githongo）是肯尼亚政府的反贪专员。他由于揭发政府核心部门的腐败行为而蜚声国际，也因此被迫流亡。我看得出，约翰这么做是需要勇气的，但跟他谈过之后，我才吃惊地发现，原来他付出的不只是勇气。约翰是基库尤人，而基库尤出身的官员把持着政府部门。所以不难想象，当他捅出政府的腐败丑闻时，他的基库尤朋友们纷纷谴责他背叛族人。让我吃惊的是，他自己也为忠于族人还是忠于国家而饱受内心的煎熬。和许多最优秀的非洲改革者一样，约翰是虔诚的基督徒。宗教信仰提供一个基本的道义框架，有助于人们正确地看待他们对族群的义务。另一个虔诚的基督徒改革者欧比·阿泽克韦丝丽（Oby Ezekwesili）勇敢地封锁了尼日利亚公共采购部门的贪污渠道。她这样描述当下盛行的道德选择："这些人牺牲国家大局，只为自己的几千族人谋取利益，他们认为自己的所作所为理所应当。"就是这种流行的价值取向使得向族群效忠的思想过分膨胀，纵容为一族之私利而置社会福祉于不顾的风气。

在向现代经济过渡的进程中，人们受到的族群束缚本应该逐渐弱化，然而事实上却有强大的力量使其更沉重。有时单一的事件能够触及社会的实质问题，揭示的重要性远远超过其本身的直接意义。有一个肯尼亚葬礼的例子。主角奥迪耶诺（Otieno）先生和反对党候选人瑞拉·奥丁卡一样，是卢奥族人。不过他年少时背井离乡，到内罗毕定居。他是一名成功的商人，与一名基库尤族女士组建家庭。到目前为止，这还是一个标准的文化"大熔炉"的故事。奥迪耶诺先生于1986年去世,他的遗孀根据遗嘱准备在内罗毕办葬礼。这时候奥迪耶诺先生的卢奥族亲属提出反对,要求将遗体运送回乡安葬。他们非常坚决,以至于告上法庭。是尊重死者遗愿和遗孀的要求,还是满足同族亲属的诉求?法庭没有犹豫,直接判决遗体运回卢奥族村庄安葬。

这究竟是怎么回事?回过头来想想在进入或退出群体义务的问题上,族群身份所起的监督作用吧。监督进入很容易:"非常抱歉我们不能援助你,因为你不是我们族人。"但是监督退出就有点难度。想要摆脱族群义务的人都是成功人士,你要如何阻止他们?这时下葬地点就起作用了。在许多古老的国家,祖先的灵魂在人们的信仰中有着举足轻重的地位,并且他们相信先人的灵魂是有安居之所的。奥迪耶诺生前或许成功地摆脱了族群的桎梏,但想必他如今在另一个世界也得承受应得的惩罚。人人都像某种强制机制的提线木偶一般,有意无意地严格遵从对族群效忠的行为准则。奥迪耶诺先生们终将魂归故里,而这种确保忠心的机制生生不息、历久弥新。

那么,当一国中有许多不同的族群共存,每一族都凝聚着全族人的高度忠诚时,会是什么情况?这样的族群多元性对政治有什么影响?

选举竞争是一项有着很强的规模经济效应的活动——如果我能拿下51%的选票,我就赢了。事实上,只要我的权力没有约束,我什么都能心想事成。为了享受到规模经济效应的好处,追逐权力的人们组成政党,提出政治主张,并努力争取选民的支持。在没有族群对立问题的国家,如果采用"赢者通吃"的选举制度,选举竞争就会发展到一个极端,每个人面临的选择都是非此即彼的两个政党之一。虽然两个政党的领导人是由各个党内的支持者选出来的,然而一旦被推选出来竞选总统,两党的领导人都得力争中间选民的支持。这种体制的结果就是不偏不倚的温和政治,这也是广大现代民主政体的运作方式。其标志之一,即每个政党内部的激进分子大多都对他们的领导人走中间线路不满。美国政治就是最典型的例子,其他民主国家的情况也大同小异。

当我最初尝试研究族群多元性对选举竞争过程的影响时,我深受鼓舞。很显然,如果选民都有着明确的族群背景,那么政客们就会以族群为阵营组建政党,因为这是争取选民支持最省事的方法。而这种选举本身就会和没有族群分立问题的国家的选举大相径庭——政党领导人只会动员他们自己的族裔来支持自己,而不会费力讨好中间选民。但是选举结束后,这些以族群为背景的党派可能需要组成执政联盟。而任何过于挑剔苛刻的族群都无法争取进入执政联盟。族群政治可能导致政府走马灯似的换人,但每个族群都会掌握到和本族势力相符的权力。

自2001年把这些观点写成论文发表之后,我开始产生怀疑。首先,族群政治很可能影响竞选活动的具体内容。执政纲领靠边站,族群身份是重点。让我们回到前面说过的竞选策略,记得有一条提到打族裔牌吗?利用种族问题上的恐惧和仇恨实在是卑鄙无耻的政治手段,但很遗憾这招相当管用。现代经济学领域研究的法宝是随机试验。这个方法在医学领域已经运用很多年,但是用于经济学问题上难度较大。当研究的对象是竞选活动时,你也许会猜想,进行真正的随机试验的可行性肯定是很小的。实际上并非如此,杰出的贝宁经济学家莱纳德·万奇肯(Leonard Wantchekon)就做了这样一个实证研究。他成功地说服贝宁的政客随机地在不同地区使用不同的竞选宣传口号。这件事本身就已经很能说明贝宁的选举活动的问题,但万奇肯得到的结果更令人忧心——不仅因为政客们对待竞选承诺如此随意，在这里保证秉持公义管理国家，在那里又向某个种族许诺优待政策，更是因为那次大选的数据经过统计分析后，结果表明优待某个种族的口号更能有效吸引投票支持。

看来在大选的影响因素之中，不仅族群身份胜过政策优劣，而且哪怕是在选民考量政策因素的情况下，候选人非但不争取"强大的立场温和的中间选民女士先生们"的支持，反而比拼谁更能走极端。我探讨这种政策走极端的倾向，是受到科林·詹宁斯对表达身份认同的投票行为研究的启发。他分析竞选活动如何在族群分立的国家里开展。投票给那些最极端的党派就是最强烈的一种身份表达，同时这样也选出最热衷于门户之见的领导人，为的是日后在联合政府各方协商折中的时候，使谈判的出发点尽可能接近自己族群的立场。

北爱尔兰就是一个生动的例子。北爱尔兰的选举本来是为了促使各派相互妥协包容，建立执政联盟走温和克制的执政路线。然而事实恰好相反。北爱尔兰有四个主要党派，两个新教徒的政党和两个天主教徒的政党。每个教派的两党之中，各有一党激进、一党温和。在建立联合执政之前，对立的新教徒和天主教徒族群中最大的党都是较温和的那一个；实际上正是靠近中间立场的这两个党在协调联合执政事宜。但是当联合执政模式确立之后，选民们就两极分化了；现在对立的两个族群中的主力都是激进的政党，所以联合政府最终落入这两党的偏执顽固的政客们手中，他们对如此好运不敢置信，笑得合不拢嘴。这就是广义的族群身份政治可能造成的结果。的确如此，在2007年12月的肯尼亚选举中上演类似的一幕，48个族群合并分化成两大派别——基库尤联盟和反基库尤联盟。

在研究中，我也认识到民主制的诸多特征，选举竞争并不是其唯一重要的。选举竞争需要权力制衡机制的配合，而制衡机制又是公共品，也就是说，制衡机制需要人们协作互助方能建立起来。族群政治则阻碍人们协作建立权力制衡。这一点在 2007 年尼日利亚大选后续事件中得到验证。众议院发言人帕特丽夏·伊特（Patricia Etteh）在上任后不久就被控挪用公款。曝光的丑闻细节包括她豪掷重金购入 12 辆奔驰轿车的事。我不想为这诡异的一打奔驰车而大惊小怪——我早有心理准备，哪位体面的发言人不要几辆奔驰车来装点排场呢？但很多尼日利亚人似乎并不这么想，他们认为这简直是骇人听闻，媒体也对她大加抨击。事情讲到这儿也没什么特别的，不过是一桩寻常的违法行为东窗事发而已。真正耐人寻味的是此事引发的反响。当发言人一受到媒体的抨击，同为约鲁巴（Yoruba）族的其他官员就纷纷跳出来维护她。他们公开传递这样一个信息："别动她，她是我们族在权力核心的唯一代表。"如果打出族裔牌就能挡过一项腐败指控，那么社会风气肯定是江河日下。

由此看来，族裔选举政治并非我曾经以为的那样温和无害。在有些地区，例如北美的城市，政治决策是激烈的选举竞争的结果，在这些地区调查得出的关于族群多元性对公共品影响的证据，显然与族裔选举政治的影响是相符的。

很多研究表明，公民的族群多元性导致公共服务的质量系统性下降。并不是族群多元的社会恰好摊上糟糕的公共服务，而是它们二者之间属于因果关系。控制其他因素，多元性越强，公共服务质量就越差。不仅如此，就连用于种族优待渠道的开销，比如公共部门雇员的薪资都要高些。为什么多元性增大了公共品供应的难度？为此，我们需要微观层面上的证据，看看人们是如何做出集体决定的。

已有研究明确指出，信任在不同族群之间要比同族之内薄弱。我团队中一个研究人员阿比盖·巴尔（Abigail Barr）就很巧妙地证实了这个结论。她研究津巴布韦农村社区的人们之间信任程度的差异。信任是个很难量化的概念,但她借鉴最新的研究方法,设计了一个实验性的游戏,征募志愿者来玩,根据他们选择的策略,可以赢得少量的钱。津巴布韦这地方特别适合进行这项研究,因为在同族人们聚居的村子边上,就有在不同时期建立的各族人混居的社区,其中混居的程度各有不同。她的研究表明,控制住其他变量,村子里的族裔越是多元,人们在游戏中采取的策略显示出的互信越低。另一个结论是,人们更愿意为增进同族人的福利而缴税,如果让他们知道纳税的钱很大部分会花在异族的人群身上,那他们就不那么情愿。当这些结论在欧洲公布之后,在社会上引起一阵焦虑,人们担心移民及其造成的多族裔社会的变化可能破坏这片大陆标志性的高福利制度。

另有证据表明,对政府的监督机制——公共品的一种——也失灵了。我已经讲过尼日利亚众议院发言人购买奔驰车的故事,此外还有更系统的证据。爱德华·米盖尔(Edward Miguel)和玛丽·凯·古戈尔蒂(Mary Kay Gugerty)做了一项关于肯尼亚农村地区学校的校委会运作的调查,得出非常有说服力的结论。校委会由家长组成,负责募集资金、管理学校,因此在决定学校质量方面举足轻重。爱德华和玛丽通过巧妙的研究发现,当校委会是由不同族裔的成员组成时,那么学校管理就较差。准确地说,就是同族成员相互包庇,即使渎职也不会受到同族成员的批评。

幸运的是,族群多元性还是有一点好处的。虽然它在公共服务领域施加负面影响,但却能促进私有经济活动。为什么多元性能提高私有领域的生产效率?与阿比盖在津巴布韦做的研究类似,对于这个问题也有相当翔实可靠的实验证据来说明事实。基本上,族群多元性有助于提高技能、增进知识、拓宽视角,由此增强解决问题的能力,所以促进了生产效率的增长。虽然多元的团队协作不佳,但他们能取得更好的成绩。还有一些证据表明,这个现象叠加放大,已经影响到整体的经济形势。对于这个方向的工作,我不敢夸口——相关数据极其难找,所以结果也许不是那么可靠。不过有意义的是,我挨个估计每个国家的公有和私有资本,接着检验这两种资本的生产效率是否受到所在社会的族裔多元程度的影响。研究过程的每一步都不算准确可靠,但得出的结果就是,族群多元性降低公有资本的生产效率,却又提高私有资本的生产效率。虽然这个结果不一定站得住脚,但至少它跟微观层面以及其他宏观层面的结论是相符的。

由此引申出的一个政策意义是,多元社会应当利用自身的优势,尽其所能大力发展私有部门。这也能说明美国和欧洲之间的差异:到目前为止,欧洲的国家与美国相比族裔构成较为稳定单一,所以欧洲的公有部门比美国更大。而最底层10亿人的国家族裔构成非常多元,尤其不适合搞社会主义。但这些国家直到最近广泛奉行的意识形态却偏偏是社会主义。这是可以理解的,因为他们的第一代政治领袖中绝大多数人是在20世纪50年代的法国和英国接受教育。不仅当时社会主义思潮正是鼎盛时期,而且在这一意识形态的推动下,欧洲的社会主义人士成为第一批支持反殖民斗争的政治家。除了受当时欧洲社会主义思潮影响之外,效仿苏联模式也有好处,因为可借鉴现成的建立军事力量的路子来应对自身的国防安全问题。80年代所谓的结构调整计划(Structural Adjustment Programs)的一个方面,就是非洲政府在西方的鼓励或强迫下对公有部门进行私有化。虽然有批评指出当时的改革是在意识形态驱动下强行上马,但是改革的方向是适合族群多元的非洲国家的。

既然多元性有利有弊,听上去好像只要安排得当就可以正负相抵,使得净效应可忽略不计。然而,你已经知道在高收入和低收入国家，同一件事情的影响可以大不相同。比如我们之前讲过，民主制使政治暴力在高收入国家降低，却在低收入国家上升。族群多元性会不会有类似的效应？

对于最底层10亿人的国家来说，情况确实如此。多元性的正面效应只显现在较高收入水平上，也就是说多元性对于美国来说是件好事，对于欧洲来说，虽然日益多元的族群构成可能对福利制度造成冲击，但是生机勃发的私有经济可以弥补这个缺憾。然而对于肯尼亚和其他最底层10亿人的国家来说，多元性是个弊端。在低收入水平上，多元性意味着巨大的净经济劣势，导致经济发展缓慢——一个高度多元化的低收入国家和一个单一民族国家相比，经济增长平均落后2%。为何多元性对高收入国家有利，对低收入国家不利？原因可能是，多元性的关键优势来自知识与技能。在一个拥有高水平的知识技能的经济体，多元化的知识技能储备越多就越有利。但是对于知识技能尚处于基础水平的经济体来说，多元化发挥的空间较窄，用途不大。

基本说来，目前的结论表明，族群多元性增大社会协作的难度，并且在低收入水平上这个效应相当显著，足以在很大程度上阻滞经济增长。我们很容易由此断言，多元化社会不可能依靠团结协作来获得任何经济体的发展所必需的集体力量。那么，为了获得这种集体力量，就得靠强权。强权总得有人来领导，这就引出了"仁慈的独裁者"一说。最近的证据显示出一个更为普遍的现象，就是在足够敏锐和相对温和的领导下的威权国家可以发挥出集体力量，从而推动经济高速增长。那么,这是否就是族群多元化的低收入国家的出路呢？

当我们回到基本的安全问题上，支持专制制度的理由似乎更充分。你已经看到，在最底层10亿人的国家，民主制度使得政治暴力在其所有的主要形式上都愈演愈烈。民主制让此类国家变得更危险，镇压却似乎行之有效。于是我们又回到这个丑陋的事实：萨达姆·侯赛因在维持伊拉克的和平稳定这件事上比贾拉勒·塔拉巴尼（Jalal Talabani）做得更好。更好的公共品——独裁者会让火车准点运行——以及更和平稳定，这些支持独裁体制的理由令人不安，却又如此有力。

我并不想贬损一个敏锐而温和的独裁者的好处，但是我认为对于族群多元的国家来说，这个出路是非常危险的。族群多元性能导致糟糕的民主制度，也能造就糟糕的独裁制度。在族群多元的国家里，独裁者们打的往往是族裔牌，凭借本族的势力攀上权力的顶峰。因此，他们善待的受众范围就不可避免地狭隘，仅限于本族而已。权力的基础越窄，量全国之物力为本族谋私以维持权力的动机就越强烈。而发展国民经济让每一个普通民众受惠这种事情，对于独裁者来说就没什么吸引力。所以按照这种分析来看，族群多元化的国家是非常不适合搞独裁体制的。

同样，我们最好拿证据说话，不过这个问题很不简单。我一开始暂且做了个粗略的尝试。我发现，就经济发展状况来说，族群多元的国家比单一民族的国家更需要民主制度。如果这个结果是正确的，那么族群多元的国家不是需要独裁，而是特别地不适合独裁。这个结果很新颖，已经在一份重要的学术期刊上发表。尽管如此，这显然只是在一个重要问题上迈出的第一步，而且还很可能走错。最近爱丽亚娜·拉·费拉拉（Eliana La Ferrara）和她尊敬的合作者——哈佛大学经济系主任阿尔伯托·阿勒思纳（Alberto Alesina）再次探讨这个课题，并发表了一篇更为详尽的分析。我读着他们的文章，心情复杂：一方面为有如此重量级的团队研究这个课题而倍感欣喜，同时看到他们考虑到被我忽略的可能性而由衷钦佩；当然，另一方面也害怕我自己的研究结果被他们否定。在学术界，你离自

第二章 族群政治

取其辱的窘境从来就只差一篇失败的文章。

我所忽略的一个重要结论是，多元性在高收入水平上的害处要小一些。但这个结论很可能为我关于民主体制的论断敲响丧钟。因为民主国家普遍收入水平较高，我又没有控制收入因素，所以很可能我的结果只是由于这条相关性而已。他们逐步展开自己的论证，首先验证我的结论，再推出他们的观点，最后合并这两种可能性。谢天谢地！他们发现两种效应都是存在的——族群多元性在较高收入水平上负面影响较小，并且的确很适合实行民主制。我一方面为族群多元化的民主国家受肯定而高兴，一方面也为自己没有犯错而吃了定心丸。他们承认，在几种情况下这些结论可能不可靠。然而，这些结论提醒我们，要警惕族群民主政治一遇到问题就武断地走独裁道路这种跳跃思维。

在他们的研究成果的基础上，我尝试再进行更深入的讨论。我从前的工作，与阿勒思纳以及拉·费拉拉的研究一样，都是用经济增长作为衡量绩效的指标。从某种意义上来说这是个不错的指标。如果多元性的确有两种相互抵消的效应，那么关键就在于衡量其净效应是正还是负。经济增长作为一个综合衡量绩效的指标，并不比其他可用的指标差。然而，如果——这是很有可能的——对于最底层10亿人的国家来说净效应确实为负，那么我们还需要究根问底。多元性在公共品方面的不利效应必定是通过政治或社会选择来实现的。因此我决定把关注点从经济增长转移到一个更直接衡量这些选择的指标上。

这个课题显然属于经济学和政治学的交叉领域，我也有幸与罗伯特·贝茨（Robert Bates）合作。他和阿勒思纳一样也是哈佛大学的教授，并且是研究非洲的政治学家老前辈。多年来我们在一个大型团队里共事，在一个专注于非洲的研究网络的资助下开展工作。

我们的团队致力于研究为何在1960年之后的40年间大多数非洲经济体都陷入停滞。决策失误肯定不是唯一的解释。例如，众多非洲国家处于内陆的地理位置就是经济发展的重要障碍之一。不过，决策显然是有影响的，而我们团队决定专门研究那些扰乱国家功能运作的决策。有一年夏天，我们在斯坦福大学会面，把各国经济史的文献都整理一遍，对于几点症状达成共识。例如，其中一点就是在繁荣期间管理不善，用举债支撑经济增长，然而又把所得的成果挥霍一空。我们发现，那些没有这类症状的国家即使没有高速发展，也都总能避免经济崩溃。

贝茨和我决定用这些关键症状作为我们的业绩衡量指标，考察族群多元性是否会导致一个国家更容易做出错误决策。我们发现极多元的族群构成与政治压迫相结合的后果是毁灭性的。这也正是导致非洲诸国产生错误决策的根源。的确，族群多元性和独裁政体只有通过这样的致命互动——不单是独裁政体，也不单是族群多元性，而是二者的结合——才使得一个国家更容易患上这些症状。这个结果完全建立在非洲不同国家的情况之上，却和基于世界各国的数据得出的结论十分契合：族群多元的低收入国家搞独裁，后果凶多吉少。

最后我想讲讲我认为最具洞察力的研究，是蒂姆·贝斯利和他的学生下松真之合作的一篇尚未发表的论文，其标题颇具煽动性，叫《让独裁政体成功》。他们展示独裁体制五花八门、鱼龙混杂的治国业绩——独裁国家可以管理得非常成功，也可以失败透顶。不同独裁国家之间的情况区别之大，远甚于民主国家。他们提出的问题是，这种区别是如何产生的：为什么那些成功的独裁国家一个都不在非洲？他们给出答案的核心在于一个"选拔团"的概念。"选拔团"指的是在独裁政体中由少数人组成的代替选民功能的权力核心。这群人有可能罢黜治国不善的独裁领导人。蒂姆·贝斯利和下松发现,成功和失败的独裁政体之间的区别,就在于其选拔团是否愿意动用这个权力。在那些领导人一不称职就被选拔团换掉的国家,独裁政体就会运转良好。

　　这个结论很重要,但也引出了下一个问题:究竟是什么决定选拔团是否愿意罢黜不称职的独裁者?他们给出了一个更简单的答案:只有当选拔团对自己维持权力的能力足够自信时,才会撤掉独裁者,另起用一个自己人。我认为,这个答案可以解释为什么族群分立现象严重的国家搞独裁行不通,因为在这些国家里政权更替有风险。目前的选拔团都是独裁者本族人,但是如果罢黜独裁者,很可能引发连锁反应,最终导致权力落到敌对族群的手中,连整个选拔团都被换掉。当我谈论政变时,你会发现这样一个事实:在非洲国家,族群分化大大地增加了发生政变的风险。因此,一个有族群背景的选拔团对于打破现状的畏惧是合理的。与此论点相符,贝斯利和下松发现族群多元性会降低独裁政体成功的几率。但是他们也证实族群多元性只是众多因素之一,其效应是可以被掩盖消除的。只要有着某种很强势的意识形态,哪怕是族群多元的国家也会更容易成功。因为如果选拔团由该意识形态的政党组成,那么无论谁来领导这个国家,权力都会牢牢地控制在党内。然而最底层10亿人的国家需要的不是更多的意识形态,而是能为他们带来共同的身份认同的东西。

　　因此,当经济理论和统计分析都不能给出确定有效的解决方案时,我们所知的就是建立在恐惧之上的铁腕独裁看似正是族群多元的最底层10亿人的国家最应当避免的。尽管独裁者们有能力控制来自反对派方面的政治暴力,但是用更广泛的标准来衡量,独裁者是国家的灾难。族群多元性也许会使民主政治恶化,但是对于独裁政体来说却可能是致命的。

那么如何才能克服族群多元性的弊端呢？国民认同（national identity）不是从地里长出来的，而是由政治领导人去努力建设而成的。有几个低收入国家的领导人成功地通过打造并强加一个国民认同的方式化解了族群多元性造成的难题。其中做得出色的两个例子，是印度尼西亚1945年到1967年的总统苏加诺（Sukarno）以及坦桑尼亚1964年到1985年的总统朱利叶斯·尼雷尔（Julius Nyerere）。再往后，纳尔逊·曼德拉（Nelson Mandela）也领导南非走上同样的道路。苏加诺和尼雷尔两人都受到他们那个时代的治国潮流的误导，经济决策方面糟糕得一塌糊涂，但是在塑造民族国家这个关键问题上，他们是当之无愧的政治巨人。而苏加诺的使命更艰难，因为印尼幅员辽阔，国民分散居住在6000多个岛屿上。

国民认同产生的机制的确一直是一个政治建设的过程。但是接下来我想继续谈谈新建立的后殖民国家打造国民认同感的问题。在这些国家里成功的例子很罕见。那么，领导人能做些什么？

苏加诺和尼雷尔的关注点都在语言上。语言对于族群认同来说确实举足轻重，以至于社会学家主要用语言来度量族群认同的状况。苏加诺推行印尼语（Bahasa Indonesia）作为官方语言。这种语言非常简单，我曾听过澳大利亚的小学生流利自如地进行印尼语对话。尼雷尔规定斯瓦西里语（Kiswahili）作为坦桑尼亚的通用语。以下我重点谈谈尼雷尔的策略，谈他的原因稍后揭晓。

为了克服部落身份所带来的问题，语言并不是尼雷尔推行的唯一策略。他制定小学课程大纲，加入大量的泛坦桑尼亚历史的课程。学校教育孩子们把自己看作坦桑尼亚人。在通过语言和教育政策重塑文化认同的同时，尼雷尔也改革政治决策的流程。他察觉到多党选举会造成分裂，就绕开这种制度。在地方层面，他把殖民地时代用于巩固部族酋长权力的机制彻底废除，由执政党建立村委会取而代之。在国家层面,不同地域之间即不同族群之间遵循公平的原则进行资源配置。为了建立国家统一的实体象征,尼雷尔还迁都于国家中部城市多多马(Dodoma)。不料这一举动招致援助国的讥讽。出于资金缺乏等诸多原因,多多马至今发展滞后,但此举明确彰显了尼雷尔对于突破固有的地域身份认同感的桎梏的努力。总之,尼雷尔苦心经营并普及这样一条民族团结的呼唤:人人都是坦桑尼亚人,并应为之自豪。他并没有刻意压制族群认同,而只是淡化这种意识。甚至当坦桑尼亚开始实行多党政治的时候,也规定任何党派不得在竞选活动中打族群牌。很巧的是,目前坦桑尼亚反对派领袖就是我的一个老朋友,他是一个优秀的经济学家,也是一个竭尽所能远离"龌龊政治"的人。

尼雷尔的策略成功了吗?这是一个本身很难用科学的方法去考量的问题。一个标准是"非洲晴雨表"在许多非洲国家用同一套民意问卷进行的调查。其中一个问题非常接近身份认同的核心,这个问题是:"你认为自己首先属于哪一个具体的群体?"这一问是开放式的。在其他族群多元化的非洲国家,接近半数的受访者是用族群归属来回答的,也就是说人们首先用族群身份来为自己定位。而在坦桑尼亚,只有 3% 的回答中包含族群或语言类的关键词。为了不仅仅称自己为"坦桑尼亚人",四分之三的人选择用职业来作答。我想我也会这么做,尽管我为我的出身感到自豪,但在经济学家和约克郡人两个身份之间选择,我更愿意说自己是一个经济学家。

不过对调查问卷的回答,或许只说明在礼貌的会话中什么样的答案受到认可而已,因为人们面对采访者可能会把自己说得更体面些。所以,从人们谈论自己的话中作出关于行为的结论,一般来说经济学家们对这种方法持怀疑态度;我们更愿意从人们的行为来推断他们真实的想法。那么实际上要考察的问题是,身份认同的差异是否导致行为的差异。这个问题更难，不过并非无解：伯克利大学的爱德华·米盖尔（Edward Miguel）最近就做了这项研究。我们来看看他是如何做的。

尼雷尔致力于坦桑尼亚的国民塑造，与邻国肯尼亚的领导人形成鲜明对比。肯尼亚的第一位总统乔莫·肯雅塔（Jomo Kenyatta）在许多方面上也是一位伟人：他的经济政策就比尼雷尔的好得多。当坦桑尼亚社会主义者指责肯雅塔治下的国家"人吃人"时，肯尼亚人很巧妙地回敬说，尼雷尔建立的国家"人什么都没得吃"。然而肯雅塔没能超越族群忠诚，他厚待自己出身的基库尤部落，使公共资源大幅集中于基库尤部落的中心地带。和许多非洲领导人类似，肯雅塔没能做好自己继任者的安排。他的两个心腹，都是基库尤人，都想争夺总统之位，都竭力阻挠对方。于是在一团乱麻之中，他们最终决定另立总统，这个人选要势单力薄，以便他们在幕后操纵实权——他们从少数族裔里挑了个傀儡。丹尼尔·阿拉普·莫伊（Daniel Arap Moi）总统就这么走上了世界的舞台。然而把他推上宝座的两位没料到，莫伊总统在一个关键方面的能力不容小觑——他迅速从他们以及基库尤人组成的选拔团手中夺过权柄。就这样，所有的事情都被颠覆过来，只有一样不变，那就是总统依然大力厚待自己的族人，只不过这回轮到卡伦金族（Kalenjin）。

说到卡伦金族，它的历史恰好向我们展示了身份认同是如何建立起来的。你可能想象非洲部落的历史要追溯到人类诞生的远古时代。事实上卡伦金族始于1942年。当二战的烽火蔓延到北非时，英国需要为"国王非洲步枪团"（King's African Rifles）征兵，而且很明智地把征兵目标锁定在广大的贫困地区。发布告示最经济的方法是广播，而该地区方言众多。为此，每条广播都用一种最普及的方言播出，一开头以"我跟你说，我跟你说"这句话来吸引听众的注意力。当然不是英语，而是以当地的方言说"卡伦金，卡伦金"（Kalenjin, Kalenjin）。2007年肯尼亚大选之后爆发严重的暴力冲突，卡伦金族在其中扮演着挑起骚乱的角色，而卡伦金族正是因当年的征兵广播而产生的。这就是族裔认同的根基。

肯雅塔和莫伊两位总统都偏袒自己的部族，对于建立国民认同他们压根就没有重视过，没有出台过任何政策来规范一种全国通用语，学校里教的也不是国家历史而是各自的地方历史。在政治上，殖民统治时期的酋长制度在很大程度上延续下来，在地方上酋长手握着至高无上的权力，至于各部族之间的平等就更别提。其经济虽然发展得相对好一点，但是肯尼亚没有致力于建立像坦桑尼亚的多多马市那样的国家象征。

2007年12月举行的肯尼亚大选让一批新政客有机可乘。前人留下矛盾的火种，后人继续火上浇油。到目前为止，反对派领导人拉伊拉·奥廷加是暴力冲突的导火索。我们之前讲过，现任统治者在贿选和计票舞弊方面有优势，所以反对党确实更有可能诉诸强调族裔认同这种较为廉价的方案。奥廷加的竞选纲领简直就是承诺种族清洗。由于他的目标族裔基库尤族占总人口的比例接近四分之一，这样的竞选策略大获成功。也许他的确拿下了最多的选票，却因为现任政府投票舞弊而最终输掉大选。纵然是对方窃走他的胜利，但是奥廷加当初赢得优势的手段在真正的民主国家里也是于法不容的。

坦桑尼亚和肯尼亚两个国家在后独立时代政治战略的差异是如此鲜明，几乎具备一个自然实验成立的基本条件：一边是建立国民认同，一边是强化部族认同。不过，为了满足自然实验的条件，不只需要战略上的迥异，还要这两个国家在其他方面相似。两国确实相当类似，并且都族裔众多：肯尼亚有48个部族，坦桑尼亚还要更多一些。为了使相似性更强，米盖尔重点研究分别位于肯尼亚和坦桑尼亚的两个区——肯尼亚的布希亚（Busia）和坦桑尼亚的美雅图（Meatu）。选择这两个区的理由是，它们之间的相似性比两国之间的更高。当年殖民者随手画的一条笔直的边境线，就把原本完整的一块土地划分成两个国家。但是作为一个自然实验，仅有迥异的战略和两国其他方面的相似性仍然不够，还需要可被定量测定的差异性结果，毕竟身份认同是很难准确观察的。米盖尔决定衡量一些关键公共品的供应，例如地方上募集的用于学校的资金、学校设施的供应以及水井的使用状况是否良好。

然而如果把布希亚作为一个观察对象，美雅图作为另一个的话，在统计上就不具备说服力。因为结果要么是布希亚比美雅图更好，要么是更差，而且首先可以预想得出任一种结果的可能性都是50%。米盖尔最重要的灵感在于将布希亚和美雅图划分为许多更小的区域。有些区域众多族裔杂居，有些则是单一部落聚集。他认识到，可以利用布希亚和美雅图内部不同地区族裔多元性的差别来研究族裔多元性在每个社会里造成的不利影响。

在肯尼亚的布希亚区，他的发现与其他学者研究族裔多元性的影响得出的普遍结论完全一致。在布希亚区，多元化地区公共品的供应状况落后于单一族裔的地区，而且其效应非常明显。一般的多元化地区，每个小学生的人均学校资金比单一族裔地区的低25%。在学生族裔多元的学校里，教师负责人对这个问题有着深切的认识，他们抱怨说部族之间的对立导致家长不愿支持学校。

那么坦桑尼亚美雅图的情况又如何？这项研究中设计最重要的检验是，看族裔多元性是否也像在布希亚一样造成破坏性的后果。美雅图之内各小地区之间的差异和布希亚正相当：有非常多元化的地区，也有单一族裔的地区。结果是毫无差异，族裔多元性在公共品供应上没有造成可察觉的影响。而米盖尔对民众做访谈时了解到

第二章　族群政治

的情况也支持统计的结果，人们对他说"我们都是坦桑尼亚人"，还有"这是坦桑尼亚，我们这里没有那种问题"。

我希望通过以上的描述，你已经了解一点米盖尔的研究成果，这真是一篇非常精彩的社会科学研究作品。这项研究之所以重要，是因为它提供非常有说服力的证据，证明尼雷尔建立国民认同的战略取得成功。自独立以来的40年中，族裔多元性对坦桑尼亚造成的损害已经大幅降低，甚至也许被消除了。尼雷尔成功地把一个新的政权国家塑造成一个新的民族国家。

尼雷尔和苏加诺展示了国家领导人能够取得的成就。遗憾的是，最底层10亿人的国家很少推行他们这样的政策。更普遍的是肯尼亚的肯雅塔和莫伊这样的例子，他们强化族裔认同，忽视建立肯尼亚国民认同，这种政策的后果现在已经非常明朗。我写这本书的时候，也在关注肯尼亚选举后续事件。大约有1000名肯尼亚人在族群暴力冲突中丧生。在这个背景下谈研究是很难的。不过回想我们之前曾说的，2007年4月份尼日利亚总统选举期间，我和佩德罗·文森特做过一个调查。既然那项工作是可行的，我便决定尝试用同样的方法来研究肯尼亚大选，据我预测这次大选将会冲突不断。我找来一个团队。如你所见，族裔多元性可以强化一个团队：我们的团队由一个肯尼亚人、一个美国人、一个比利时人、一个墨西哥人和一个德国人组成。这项研究工作是最近才开展的，所以我目前只能谈一些初步的结果。

这项调研是在选举后的冲突爆发之前进行的。然而即使冲突尚未爆发之时，每6个肯尼亚人里面就有5个已经开始担心自己会成为政治暴力的受害者，而十分之一的人已经受人恐吓，让他们小心"投错票"的后果。和尼日利亚一样，选举暴力似乎是弱势一方惯用的手段：支持政府的人是最恐慌的，而事实也证明他们害怕得没错。但是这些暴力威胁并不是来自底层大众层面的紧张对立，而是由上层的政党组织煽动起来的。针对基库尤人的暴力事件，就是拉伊拉·奥廷加精心策划的选举策略。

除了政府宣布连任之后紧接着就被指控舞弊的事件，我们还发现在调研当时——也就是选举之前的几天——反对党表现得胜券在握。对此肯尼亚选民并不意外：当问他们觉得选举会有多自由和公正时，70%的人认为会有问题，而这样的担忧在反对党支持阵营中异常地高。族裔身份就是一切：只有一半的选民认为他们的首要身份是肯尼亚人。更引人深思的是，族裔身份极大地扭曲了投票的动机。基库尤人投给齐贝吉，卢奥人投给奥廷加，不仅如此，其他的部族也几乎都按族裔身份站队投票。

然而我认为以下结果为族裔政治敲响了丧钟。这些结果涉及选举竞争对政府的经济政策产生的约束。在选举之前的几年，肯尼亚经济形势良好，经历了20多年来最快的增长。并且不只有基库尤族享受到经济发展的成果，连卢奥族也承认他们的生活改善了。齐贝吉甚至在卢奥族人中也赢得了极高的支持率，但这并没有什么用。他不是他们族群阵营的候选人，他们不会为他投票：98%的卢奥族人投给奥廷加。在这种投票行为的前提下，没有什么可以激励总统为提供国家公共物品而努力，他还不如多多厚待自己的部族。肯尼亚政治领导人一手造成的如此根深蒂固的族裔阵营分立现状，已经显著地阻碍了选举竞争原本可以规范政府责任的功能。至于另外一个选举的好处——提供执政合法性，肯尼亚民主教育研究所所长孔奇·穆丽如是评价："这些人难道就不在乎执政合法性吗？"[1]

---

[1] "齐贝吉当选引发肯尼亚骚乱"，《金融时报》，2007年12月31日，第6版。

第三章

危局之中：冲突后协议

和平随着千禧年而降临。国际社会终于开始正视长年内战造成的棘手难题。召开和谈，各方施压，于是一系列和平协议陆续得以达成：斯里兰卡、布隆迪、南苏丹、塞拉利昂、安哥拉、刚果民主共和国、波斯尼亚以及科索沃，实可谓功绩辉煌。然而冲突后时代的局势仍然脆弱，40%的国家不出10年又再次陷入战乱。这些再次爆发的冲突占全世界内战总数的一半。因此，更有效地维护冲突后时代的和平局面，就是减少内战最有力的方式。那么问题来了，民主制度是这些国家维持和平的灵丹妙药吗？国际组织在冲突后局势中发挥作用的经验尚浅——联合国建设和平委员会是一个还在摸索中发展的新机构。而且最近的纪录并不是那么鼓舞人心，以下是几个例子。

以刚果民主共和国的过渡政府为例。他们知道自己只能掌权3年就要召开选举，届时有可能落选。于是各位部长就开始侵吞公款。怎奈税收疲软，国库空虚——你将会看到，减税也是恶政的手段之一。不过贪污的目标不仅限于税收，还有一个办法是举债——中饱私囊后溜之大吉，把债务留给未来的国民去还。遗憾的是，对于刚果民主共和国的新领导人来说这个办法行不通，因为之前的总统蒙博托已经做到极致，国家负债累累，再也没有一家银行愿意借钱给政府。

可是还有一种方法。刚果矿产丰富，但大多数资源尚未开发，因为在总统蒙博托时期，哪家公司如果要投资开矿，那就是犯傻。总统遭遇经济学家们所谓的"时间不一致问题"（time-consistency problem）：因为他不能保证自己日后不会被没收矿场，所以从一开始就没有一家公司愿意去投资。然而到了过渡政府时期，全球商品价格一路走高的形势改变了对风险的计算：向过渡政府支付一点费用以换取合法开采权是合算的。所以刚果民主共和国过渡政府的部长们低价出卖国家资产，这也相当于把国民的未来抵押了，在本质上与发债无异。就在几个月前，我和一个精明的开矿权买主共进午餐，虽然午餐很愉快，但当我告诉他这个开采权应当重新协商时，他就有点不高兴了。

我们再来看南苏丹的情况。南苏丹多年的战乱得以和平结束，可谓所有冲突解决中最成功的例子。新的南苏丹政府接手的经济景象好像月球表面一样荒凉，什么现成的公共品都没有。没有公路，没有学校，没有医疗：一无所有，连房屋也没有。唯一的公共品就是军队——苏丹人民解放军（SPLA），而且停战之后军队就显得冗余。但是南苏丹坐拥巨大的财富资源，因为有一片新开发的油田跨南北苏丹分界线，南苏丹每年能从这个油田得到13亿美元的收入。除了石油收入以外，还有大笔的援助资金涌入，因为每家机构在这种情况下都愿意慷慨解囊。

在如此大好局面之下，政府应当把握政策重点、区分轻重缓急。

经历这么多年为解放事业做出的牺牲，南苏丹人民也许很自然地希望政府仔细规划并落实政策，建设一个有效的国家机器。那么两年过后情况如何？一个高级部长这么跟我说："我们错失良机。"他们最大的失误，在于把支配公共支出的权力交给苏丹人民解放军的将领们。这些人掌握权力之后做了什么？他们为自己招兵买马，用公共财政来供养麾下的军队。单是这一项就耗尽了石油收入。而且政府现在进退两难。如果要从预算里挤出建设性用途的资金，就只能裁减兵员，而这些人员才跻身既得利益群体，刚捞到点油水呢。部长们还做了些什么呢？援助资金都用到哪里去了？部长们决定不在南苏丹安家，他们都住在内罗毕，那里公共品好得多。但是援助机构坚持把工作会议地点定在南苏丹，因此部长大人们不得不来回通勤，赶去自己执政的国家上班。那么部长们在这些会议中最关心什么问题呢？他们第一关心的就是要有高大气派的政府部委总部大楼，你大可想象规划图中那些即将拔地而起、挂牌某某部委的水泥建筑群。

我一贯认为有什么样的政府就有什么样的私营部门。南苏丹有一项巨大的私人投资，是一家五星级豪华酒店，孤零零坐落在茫茫旷野之中，仿佛置身在外太空一般。由于公共品匮乏，那里甚至不通公路。那么谁是酒店的目标客户呢？南苏丹虽然尚未成为热门旅游目的地，却是援助机构工作人员的主要驻地——这就是市场。为了给援助人员提供娱乐服务，酒店旁边还盖了一座国际购物商场。与此同时，援助机构相互之间为谁来管理资金的问题争执不休：每家机构都想牵头，谁也不愿被别家协调。目前南苏丹政府并不独立，它与苏丹联邦政府分享主权。但是，2011年那里会举行完全独立的公投。准备迎接南苏丹这个新国家登上世界舞台吧。

现在来说另一个刚结束长期内战的国家布隆迪。根据国际社会促成的停战协定条款规定，停战之后很快就举行了一场选举。结果是胡图族反政府武装运动中最极端的一派赢了。他们上台后的政策包括逮捕和折磨反对派的人，挪用公款为私人的民兵队伍购买进口枪支，并且驱逐联合国维和部队。而联合国对此无能为力，只能撤离人员。

再来看厄立特里亚。厄立特里亚经历冲突之后，从埃塞俄比亚独立出来，并获得其他非洲政府从未有过的国际舆论盛赞。根据某项投资评级，厄立特里亚有希望成为非洲的新加坡。然而不出10年，它又和埃塞俄比亚打起来，并且紧接着发生一起总统发动政变推翻自己政府的事件，半数的部长都被捕。其军费开支保持战时标准并且大规模征兵。在本书成稿之时，厄立特里亚刚刚赶走缓冲区的维和部队，情况不容乐观。

最后来看看备受赞誉的冲突后国家东帝汶。这个英勇的小国在历经36年抗争之后，从印度尼西亚获得自决权。在此之前，由于苏加诺总统的接任者苏哈托的愚蠢政策，印尼没有将东帝汶融入本国，而是施行殖民统治大肆压迫。所以当东帝汶获得独立之时，国际社会齐声称贺。也许这么说有些冒昧，但是如果每个80万人的群体都获得自决权的话，全世界的国家将会多达8000个。换句话说，东帝汶的独立无法通过伦理学家伊曼努尔·康德提出的检验问题："如果每个人都这样做，结果会怎样？"[1]

但是这并不重要。我们关心的是，英雄的小国东帝汶自从2001年独立建国以来发展得如何？我们前文说过，40%的冲突后国家

---

1 这里指的是德国哲学家康德在1785年出版的《道德形而上学的奠基》一书中提出的"定言令式"（categorical imperative）的"普遍法则形式"（the formula of universal law）的检验。根据普遍法则形式，如果你愿意自己行事的准则成为所有理性人都采用的行为依据，那么你的行为就合乎道德，否则就是道德上不应该做的行为。——译注

不出 10 年又再次陷入战乱,东帝汶就是其中之一。2006 年,一个高层领导人被发现为自己的私人民兵进口武器,引起军队里大批来自东帝汶西部的士兵不满,进而哗变,逃入山区——也就是以前内战的战场。紧接此后的动乱导致十分之一的人民流离失所。如果不是澳大利亚派出 2000 人的维和部队进驻稳定局势,这场内乱持续下去,恐怕又要把一个新的主权国家——西东帝汶——推上世界舞台。

到底是什么决定冲突后的和平能否长期维持?尽管这个问题十分重要,但我以前一直没有做相关研究。这在统计上是个难题,因为相关的观察资料不多。截至 2006 年,我们搜集了 66 个国家的数据,这才足够开展研究。这一次我的合作者是安珂·霍芙勒(Anke Hoeffler),还有一个极聪明的瑞典人曼斯·森德本(Mans Söderbom)。我们决定广泛考察,平等地研究所有可能对维持和平有影响的要素:政治的、社会的、经济的以及军事方面的因素。

我们之前讨论过民主与选举,就从这方面说起。国际社会针对内战结束后的国家推行的标准模式是制定一部民主宪法,并且几年后依照宪法召开选举。这是在明确地践行执政合法性和政府问责制的理论。和平因选举而得到保障,因为一旦当选就是人民承认的合法政府,反对派很难诉诸暴力。不仅是当选的政府的合法性得到承认,选举的民主程序更是确保政府需要考虑各方诉求,从而减少大众的不满,因为政府要向人民负责。那么,现在我们来看看这一理论是否有证据支持。

我们首先考察政体类型是否影响冲突后国家再次动乱的可能性。我们仍然使用政体指数(Polity IV),在其 21 个级别区间寻找是否有某些级别的政体类型显著地比其他类型更加安全。结果令人沮丧。我们找到的显著的更加安全的区间,对应的都是十足的专制国家：指数级别在 -10 和 -5 之间。这一区间的国家重陷战乱的风险相对于平均值 40% 低得多，只有 25%。同时，在不那么专制的政体中——也就是得分在 -4 及以上的国家——再次爆发冲突的概率高于平均值，竟然高达 70%。

我们来看具体的最近例子。新千年伊始，安哥拉和斯里兰卡都重获和平。安哥拉依然是世界上最专制的体制之一，而斯里兰卡则很早就开始实行民主制。安哥拉十分稳定，我也相信这稳定的局面会持续下去。但是斯里兰卡的和平已被再次打破，发达国家政府极力批评斯里兰卡政府而非猛虎组织，就像他们倾向于将哥伦比亚重燃战火归咎于该国政府而非哥伦比亚革命武装力量（FARC），以及谴责乌干达政府打击圣主抵抗军（Lord's Resistance Army）一样。我承认也许这三个国家的政府都有过错，但显而易见的是，与安哥拉相比这三家政府真是圣徒一般的仁慈。也就是说，更民主的政体不一定能更好地保障和平稳定。

讨论政体的影响就到这里，接下来说说选举的影响。那么，就在我们的冲突后 10 年间的风险模型中考察选举因素。选举的数据倒是不少，但一开始我们没有发现这一因素有什么明显的效应。这让我们百思不得其解。按理说，在一个典型的冲突后紧张局势中，选举这么关键的政治事件不可能不在社会上产生显著影响。后来我们终于发现，选举使得冲突后时期再发冲突的风险朝着相反的方向变化。在选举之前的一年间，再发冲突的风险急剧下降，社会看似平静；然而在选举过后的一年中，这一概率陡然上升。最终，选举的净效应是导致社会更加动荡不安。

为什么冲突后时期的选举会产生这样的效应？我们需要跳出统计结果来思考。我的推测如下。在选举之前的阶段，各派均有很强的参与动机，毕竟选举是通往执政的道路。所以各派的精力都放在

第三章　危局之中：冲突后协议

竞选活动上，暴力冲突的概率就下降。但是选举结果一出来，胜负已定。如果在一个真正的民主国家，获选的党派会承诺代表全体国民管理国家，并且由于权力制衡机制的存在，政府不得不兑现承诺；而落选党派则会祝贺对方的胜利，并承诺扮演好忠诚反对党（loyal opposition）[1]的角色。由于真正的民主国家能够有效制约权力的滥用，落选党派知道在5年之内还有希望赢得下届选举，而冲突后国家的情况往往不同，因为制约机制缺位，赢家弹冠相庆，期待享用为所欲为的权力；而输家则预料到自己将从此沦为俎上之肉，除了暴力推翻当选政府之外别无他法。

回顾我们讲到的第一个冲突后国家：刚果民主共和国。在卢旺达和乌干达军队的支持下，反政府军领袖洛朗·德西雷·卡比拉（Laurent-Désiré Kabila）将总统蒙博托赶下台。2001年卡比拉遇刺身亡，其子约瑟夫（Joseph）继位，成为当时世界上最年轻的领导人。很抱歉使用"继位"这个词，因为这可能会误导读者以为这个反政府起义的真实目的是建立一个如假包换的王朝。请允许我纠正这个错误。正确的说法是：年轻的约瑟夫按照宪法规定的程序，被任命为下一任总统。这是事实，当时掌控局势的是国际社会，而非刺杀洛朗·德西雷的人。前文讲过，刚果政府债台高筑，长期入不敷出，而且缺乏一支有效的武装。所以总统卡比拉二世在冲突后时期不得不遵从国际社会的指示，召开选举。

这场选举与法国类似，一共有两轮。第二轮——也就是决定性的一轮——定于2006年10月29日召开。国际社会对政府合法性和问责制这一模式充满信心，计划于2006年10月30日撤出维和

1　忠诚反对党，早年在英国或其他英联邦地区的国会中拥有最多议席的在野党，称为"Her Majesty's Loyal Opposition"，即"女王陛下的忠诚反对党"，这些在野党反对执政党的纲领，但忠于王室和宪制。——译注

部队。"疯狂民主"（democrazy）正在进行时，无视这一现实何其荒谬。不过，如果我们的研究结果是正确的，那么在某种意义上国际社会的做法是可以理解的。如果刚果民主共和国的选举按计划进行，那么此前的一年之内局势应该相当平稳，造成高风险时期已然过去的假象。由于国际维和行动既昂贵又非常不受派出部队发达国家的选民支持，一旦维和部队看似没必要再留守，再加上来自本国的"让孩子们回家"的强大舆论压力，撤离也在情理之中。因此，在维和行动的离奇术语体系中，冲突后选举被视作部队撤离的里程碑并不奇怪。更常见的说法是，选举就是退出机制。稍后我会回来讲这个策略在刚果民主共和国是怎么实施的。

仔细想想，我们的结论表明，与其说冲突后选举是里程碑，不如说是墓碑。当然这取决于维和行动是否有效：如果无效，孩子们也照样会被召回国，而且说选举是什么碑都无所谓。所以我们接下来谈谈维和行动。

我们请求联合国提供其维和行动的数据。好消息是他们有完整的记录。遗憾的是，这些原始记录不便于进行量化分析。我们的助研们花了整整7个月的时间整理数据。终于，我们拿到按国家和年份分类的部队数量和费用的信息，可以检验维和部队是否真的有效维护和平。结果清晰而颇令人吃惊：维和行动是有效的。用在维和上的资金显著地大幅降低了冲突后国家重燃战火的风险。

你可能知道，质疑这一结论的一条标准理由就是反向因果关系（reverse causality）。比如，若是只向那些相对安全的冲突后国家派遣部队，那么就会显得他们成功地维护了和平，但是这个关联并不是因果关系。所以我们试图找到一个变量，既能解释维和部队的部署，又与再发冲突的概率无关。在绞尽脑汁而不得其解之后，我们求助于文献资料。我曾经合作过的一个年轻的希腊政治学家尼古拉斯·圣巴尼斯（Nicolas Sambanis），最近刚与曾经在联合国任研究部门主管、研究维和行动的世界权威迈克·多伊尔（Michael Doyle）合著了一本有关冲突后维和行动的书。他们的结论是，派遣部队到冲突后地区的政治决定过程太过复杂，无法对其建立模型。安理会成员国的决策程序仿佛一场错综复杂的"马匹交易"，最终做出的任何决定都像是随机的结果。这就是为什么我们无法找到能很好预测其结果的变量，同时也说明不存在太大的反向因果关系的问题。

尽管如此，这些数据帮助我们确认一件事。往冲突后地区派出多少部队的决定可以分为两步：第一，到底应不应该派遣部队？第二，如果要派遣，派多少？我们发现从第一步决定中——到底应不应该派遣部队——可以了解一点派遣部队的动机。这一步决定与再发冲突的高风险相关联。最可能的一种解释是，维和部队会被派往容易爆发冲突的地区。我们无从得知这个逻辑是否对于派遣数量的决定也成立。我们只知道，既然决定要派出部队，那么派得越多，该地区就越安全。假如促成这两步决定的缘由的确一致的话，那么越是危险的地区就应该派遣越多的部队。由于我们的研究有一个隐含的假设，即派遣部队的决定是随机的，那么以上推理对我们的结论有什么影响呢？其影响就是说明我们的结论低估了维和部队的真实作用。真实的情况是，维和部队越多的地区爆发冲突的可能性越低，尽管该地区本来是更危险的。所以部队人数和固有风险无关的这个假设也许太过保守。

我把截至2006年夏天的有关冲突后选举和维和行动有效性的研究结果与国际社会相关部门分享。我尤其担心，维和部队于刚果民主共和国选举召开后的一天撤出这个提案是不明智的，而当时离执行只剩几个月的时间。很快我受邀前往联合国新成立的建设和平委员会（Peace-Building Commission）做报告，我也向维和部队最大的派遣国——法国的政府提供研究结果。我了解到部队指挥官们自己也对撤离方案持高度的怀疑态度。选举过后，局势迅速恶化，部队不但没能撤离，还得增派支援兵力。在短短数月之内，大选落败的本巴（Bemba）的私人武装和连任的卡比拉二世的政府军交火。本巴在失利之后寻求外国使馆的庇护，而后流亡欧洲。在他流亡之后，国内秩序并未恢复，刚果民主共和国仍然是冲突不断，危机重重。

虽然国际维和行动卓有成效，但是也有麻烦，比如成本高昂而且不受欢迎。外军入境被冲突后国家的政府视作一种屈辱。对于这些自身权力急于得到承认的政府来说，联合国维和行动部门（DPKO）就像国际货币基金组织一样，对他们不可侵犯的主权构成挑战。同时，因为没有人希望自己的子女冒着生命危险参加维和行动，派遣国的选民不支持也在情理之中。

那么有别的办法吗？我能想到两种可能。第一种是远距离保证（over-the-horizon guarantees），比如英国政府在塞拉利昂的行动。过去的几年中英国只有80名士兵驻扎在塞拉利昂，但该国政府得到英方的保证，在为期10年之内，一旦有问题，英军将会一夜之间调兵相助。或许这个许诺有助于该国的社会稳定。至少塞拉利昂在控制冲突再发的方面相当成功，甚至平稳经历了冲突后选举和政府更迭。问题是塞拉利昂只是个例，不能进行统计分析，所以我们无法研究这种保证一旦普及是否依然有效。不过，真的没有办法研究吗？

我开始联想是否有其他类似的例子。多年来法国为他们在非洲的客户国提供安全保证（security guarantees）。实际上，有了国际协作的典型逻辑，在英国开始庇佑塞拉利昂之前，法国就已经放弃了这种行动。法国提供的安全保证是非正式的，但绝大多数情况下

第三章　危局之中：冲突后协议

都很可靠，因为它在北非法语国家部署一系列海外军事基地。自从殖民地独立以来这种干预就开始了，直到1994年法国政府试图支持卢旺达的胡图政权时陷入困境。你或许记得，当图西族反政府军从乌干达入侵，以及卢旺达的胡图族政权展开大肆屠杀之时，法国曾调军进入卢旺达。进驻的法军发现自己支持的政权正在实施屠杀，于是急忙抽身。在此之后，总统希拉克下令重新审视这种安全保证，并出台新的针对非洲的政策，军事干预似乎过时了。法国对非新政策的第一次试验是在1999年科特迪瓦的军事政变期间。法国保守派提议调兵平息政变，但被总统希拉克否决。所以我们可以认为法国的安全保证是在殖民地独立到90年代中期这段时间内实行的。在越南奠边府战役（Dien Bien Phu）失败之后，法国已经无力在整个法语系国家范围内实施军事保障，只有在北非和中非还有实力维持近30年。即使如此，这些地区的国家数量和这个时间跨度，也足够我们进行统计分析。

关键问题是，这种保证是否真的减少内战的爆发次数。我们需要建立一个内战风险模型来回答。该模型可以用来回答许多重要问题，不过在这里我只讨论这一个问题——法国的非正式安全保证是否减少了内战的爆发？我们的结果是，它的确非常有效。非洲法语系国家的情况原本是非常可能爆发战争的，但是实际的冲突频率比预期的低很多。从统计上来看，法国的安全保证在近30年间显著地并且大幅地降低冲突的风险。

但是冲突显著减少真的是因为军事介入吗？有没有可能是别的与法国相关的因素呢？比如，当法国反对入侵伊拉克的时候，有些美国人指责法国过分规避军事行动，嘲笑对方为"吃奶酪的爱投降的猴子"（cheese-eating surrender monkeys）。也许法国文化培养出了热爱和平的价值观？虽然任何一个知晓法国战争史的人都可能对这个猜测嗤之以鼻，我们也决定不放过检验任何一种可能的解释。如果冲突风险的降低是由于文化因素而非安全保证，那么在整个法语世界，那些法国无法实现军事保障的地区也会因为文化影响而变得更加和平。事实是，这种情况并没有发生。只有在法军基地势力范围内的西非和中非，安全状况才有所改善。我认为这个结论很合理。远距离保证看上去是行之有效的。当这本书的写作即将收尾之时，乍得爆发冲突：反政府军打到总统府大门外。在这场危机进展之中，法国的立场迅速转变。最初法国宣称无意军事介入。不到一周，他们重新考虑后发布安全保证称，如果反政府军一意孤行，法军将会介入打击。因为法国在乍得有个很大的军事基地，所以反政府军撤退了。

讲完政治和军事，还有什么因素影响冲突后时期的风险？经济肯定会起些作用吧？实际上，经济在两方面起作用。收入越低，再发冲突的风险就越高；经济复苏越慢，风险也越高。这两方面都有政策意义。如果低收入国家面临再发冲突的高风险，在同等条件下，国际社会维和行动的重点应该向那些最贫困的冲突后国家倾斜。这一点可以为安理会提供一条有效的准则，帮助他们在多伊尔和圣巴尼斯形容的"马匹交易"式混乱无章的决策过程中理出头绪来。更进一步来说，在同等条件下，提振经济的计划——通过促进经济增长提升收入水平——就有改善社会安全的作用。

那么如何才能让冲突后国家崩溃的经济得以复苏呢？经济干预的问题在于它不像军事介入那么立竿见影。摧毁一个国家的经济很快，穆加贝总统已经有力地证实这一点；而要恢复一个破碎的经济就需要时间。如果平均收入以7%的速率增长——这在冲突后国家是完全可能的——那么收入水平在10年之内就能翻番。所以在10年之后再起冲突的风险就会大幅降低。然而这也是经济复苏的时间长度，在两三年内是办不到的。

到目前为止我们看到的是，冲突后的10年时间内局势都是危险的，不存在迅速见效的政治药方。特别是选举和民主制，至少在典型的冲突后国家所常见的那种选举和民主制度，并不能降低暴力冲突的风险。经济发展有助于减少冲突，但周期较长。唯一似乎在短期内有效的办法是国际维和行动，但在漫长的经济复苏时期内持续维和行动又有政治难度。那么，延长维和行动——哪怕是以远距离保证的形式实现——是否必要？还剩下这么一种可能：也许在冲突后10年之中，最初一段时间是最危险的，之后的时期就会比较安全。如果是这样，那么维和行动就不必延长，在政治上也容易实现。既然一个政治上可行的计划更容易被实施，那么它就有研究的价值。再发冲突的概率的确随着时间逐渐减小，但是不能放松警惕。时间治愈一切，但时间的力量不是以1年而是以10年为单位起作用的。冲突之后的头4年也许比之后的6年更危险，但这个区别在统计上并不显著。在冲突后的10年内没有安全的时期。

这个结论告诉我们什么呢？在我看来，经济复苏才是维和行动唯一真正的退出机制。我认为我们需要打破"选举是里程碑"这种幻觉，直面重建经济的漫长征途。也许在整个10年期间，不需要维持大量的维和驻军，只需初始阶段的军事干预也可以成功发展成为远距离保证的形式。但是任何这样的保证都必须可靠。法国曾经的保证能兑现是因为有军事基地，英国的保证有震慑力，因为在冲突期间他们的确一夜之间开进塞拉利昂，遏制住围困首都弗里敦（Freetown）的革命联合阵线（Revolutionary United Front, RUF）。英军在首都郊区一个叫滑铁卢（Waterloo）的小地方击退"联阵"，但他们只能说是及时赶到，如同威灵顿公爵当年在真正的滑铁卢战役胜利之后所说"这场仗赢得忒险"。

所以，如果经济复苏才是退出机制，应该怎么实现呢？什么政策管用？资金援助有效吗？我和安珂已经做过一点关于冲突后援助效果的研究。我们发现比起其他时期的援助，冲突后的援助效果明显更好。这并不奇怪，冲突后时期的重建工作正是国际援助机构的最初目的。但是我认为应该更进一步考察，为了重建经济，具体可以做些什么。为此我和来自塞拉利昂的博士生维克多·达维斯（Victor Davies）合作——他的家乡就是一个冲突后国家，还有科瑞斯·亚当（Chris Adam）——他是我在牛津大学的同事。由于我在索邦大学做客座教授，我也和该校博士生玛格丽特·杜彭切尔（Marguerite Duponchel）合作。虽然接下来我会尽量连贯而严密地介绍这个研究，但是当时我们的工作并不是这么顺利。

冲突后援助的重要用途有些是显而易见的，比如用于重建基础设施，但是还有一种隐形用途——抑制通胀。高通胀是个灾难性的宏观政策，基本上是没有办法的办法。一般来说政府都会维持适度的通胀，尽管他们可以在短期内靠印刷钞票来"剪羊毛"。通货膨胀实质上是一种课税，只是大部分人没有意识到这一点。政府对于用通胀收税的办法保持谨慎克制，因为这样很容易失控造成恶性通胀。只有那种无路可走的政府——那种为政权存亡而挣扎孤注一掷、已经无力考虑未来的政府——才会出此下策。穆加贝总统不做长远考虑的一个可能原因是他已经84岁，可谓全球最高龄的政府首脑。讽刺的是，在他治下的津巴布韦国民的平均年龄全球最年轻，所以这个社会原本是最应该关注未来的。不幸的是，哪怕是普通的国民也有充分理由挥霍未来，因为津巴布韦的人均寿命是最低的。

津巴布韦是少见的在如此恶性通胀之中尚能维持社会稳定的国家。不过我们想了解内战期间的政府是否通常都会铤而走险。暴力冲突导致经济萎缩、税收减少，而政府又面临军费激增的矛盾——

一般来说内战期间军费几乎是和平时期的两倍,所以我们推断政府很可能开动印钞机。这个猜想被证实。但是我们关心的倒不是内战之中的经济,而是这对冲突后时期的经济恢复意味着什么。高通胀遗留的问题是人们因为预期通胀会持续而减持纸币。如果政府想要恢复低通胀以及公众对货币的信心,那么就需要实施较长时间的财政紧缩政策。事实上,内战期间政府的通胀政策等同于借债,它产生预期通胀的负债。冲突结束后,政府必须清偿这笔债务,但与此同时还面临着严重的财政问题。

税收的恢复需要时间。通常企业偷税漏税的情况越普遍,经济就会越不正式。如果征税太急,恢复正式经济活动所需的时间就越长。塞拉利昂的商会会长告诉我,企业的非正式经济活动增多导致商会会员的数量缩减。然而重建基础设施、恢复社会保障体系,以及为年轻人创造就业等迫切的需求,又增加公共开支的压力。我们发现经济援助的一个不为人知的好处,就是帮助冲突后政府完成这个不可能的任务。政府不再需要过分依赖通胀,因此恢复公众对货币的信心也相对容易。与经济复苏的其他方面一样,这是一个缓慢的过程:经济援助的运用是一项对信心的投资,把对通货的信心恢复到冲突前时期的水平需要10多年的时间。但是如果没有冲突后经济援助,这个过程会更加漫长。

经济援助的这个用途究竟有多重要?通货膨胀对于冲突后的经济尤其具有破坏性。一个很简单的原因是,内战期间民众会往海外转移资产,即所谓的资本外逃(capital flight)。这种现象是最底层10亿人的国家的普遍问题。我和安珂在津巴布韦研究生达拉·玛柯因杜(Tara MacIndoe)的帮助下估算流失到境外的非洲私人资产的比例。截至2004年,这一比例已经上升到惊人的36%——非洲的财产竟有超过三分之一被转移出境。毫不奇怪,在内战期间以及战后，资本外逃的情况比这个平均数严重得多。在冲突后时期，这些积累起来的境外资产意味着国家重建的救生索——当然，如果能把这批资金吸引回国的话。但通常情况是，不但没有救命绳，反而还持续大出血——面对再发冲突的高风险，人们继续向海外转移资产。这是一个集体行动的问题（collective action problem）：总体来说，资本外逃阻滞经济复苏，从而使得再发冲突的可能性升高。每一个人都希望所有其他人把资产留在国内，而与此同时把自己的资产转移出境。

以上情况和通货膨胀又有什么关系？维克多发现冲突后国家的资本外逃对于通货膨胀的敏感程度远超过和平时期。我们并不清楚原因，也许高通胀被视作未来不稳定的征兆，因为它表明政府在把未来廉价兑现。但是这个发现意味着经济援助在冲突后时期尤其有效。通过帮助政府抑制通胀，经济援助可以缓解资本外逃，并且有可能吸引资本回流。

在冲突期间流失的不只是资本，还有技能。我与玛格丽特一起分析塞拉利昂冲突对私有企业基础技能的影响。由于冲突后经济的数据有限，这项研究差点就没做成。我们得到一份联合国开发计划署（United Nations Development Program, UNDP）针对企业和员工的新问卷调查结果。虽然其中提供了很多有关员工培训的信息，但对我们而言价值不大。我们得把这份问卷内容和其他资料配合起来看。伯克利的一个研究小组在塞拉利昂做了一个调查，记录内战期间平民家庭成员死亡的情况。多亏他们很慷慨地分享信息，我们才得以勾勒出每个不同地方的暴力事件的变化情况。

我们的设想是把这份暴力事件的记录和企业与职工的调查问卷进行对照，从中看出暴力是否破坏就业和技能。但是还有一个问题，我们需要知道每个不同地方的经济在冲突之前是什么状况。我让玛格丽特去图书馆查找档案。牛津大学的一个好处就在于其浩如烟海的文献收藏，我猜其中肯定有过去某个时候关于塞拉利昂企业的调查资料。果然，玛格丽特在大量查阅之后找到这么一份37年前的调研报告，但是牛津只有这份报告的一部分。我们的图书馆在全国范围内搜索，终于找全其余的部分。我想，不出几年这些旧文献就都能从网上下载，像这样费时费力的搜索工作将成为历史。

到这一步我觉得我们万事俱备可以开题了——暴力是如何影响企业、就业和技能的？然后我们开始担心：假设暴力冲突总在最贫困的地方发生，那么表面上看起来就像是暴力冲突使得这些国家变得贫困，但这是错误的。我们险些把因果关系弄反。有一个办法可以避免这种问题：你得找到一个工具变量，它会增加冲突爆发的风险，但是对经济又没有直接的影响。幸运的是，我们找到了这个变量。革命联合阵线的叛军基地在利比里亚（Liberia）——他们把这个没有法制的国家当作避风港，从这里向邻国输出暴力。因此可以用塞拉利昂的每一个区到利比里亚的地理距离来预测该区受到暴力影响的程度；而且除非因为距离近而容易受到暴力骚扰之外，这些地理距离本身对当地经济没有什么影响。到这时我们才真正做到万事俱备。之前的准备工作耗时3个月，从拿到数据到得出结果又花了3天。不做到这一步，你没法知道此前的心血有没有白费。当然，承担风险的人是玛格丽特——假如我指导她的这个课题是个死胡同，她就没法拿到结果完成博士论文。

我们发现颇为有趣的结论。冲突平息后的7年之内，没有任何迹象表明暴力对于企业的数量和就业的人数有影响。通过企业的规模和成立时间可以看出，暴力冲突严重时，企业活动萎缩。虽然暴力平息后企业又得到恢复，但毕竟遭受重创——暴力冲突导致劳动生产率急剧下降。为了解决生产率低下的问题，在遭受过暴力影响的地区，企业更注重对员工的基础技能培训。很明显，暴力冲突削弱劳动力技能。总的来看，这就是一幅鲜活的私有经济受创后的图景：企业重新开始运转，就业恢复，薪酬低得可怜，但是高工资对应的技能水平已经被破坏。40多年前，诺贝尔经济学奖得主肯尼斯·阿罗（Kenneth Arrow）提出社会技能积累过程的理论，他称之为"干中学"（learning by doing），也就是在实践中提高生产率。与之相反的是"不干就忘"（forgetting by not doing）。在阿罗的著述涉及的繁荣经济背景之中，这种反向的逻辑可能性不值一提。但是对于战火频仍之中的经济就不一样。内战使经济倒退，在这种背景之下应该逆向运用阿罗的模型。

是否有某种被遗忘的技能对于冲突后的经济重建尤其重要？我认为答案是肯定的。实际上，它们太过寻常，没能引起援助机构的注意。援助机构将大把的钱花在灌输和解的观念上，这是一个目标远大的任务，只不过近来的研究表明成效甚微。显而易见的事实却被他们忽略。内战之中受损最严重的部门是建筑业——全国各地都在大肆摧毁一切，自然无人投资兴建房屋和基础设施。建筑行业使用大量没有熟练技能的工人，可以为无业的年轻人提供工作岗位，而失业的年轻人正是冲突后社会的不稳定因素。然而哪怕是建筑业对技能也是有要求的——你总不能只用未经训练的工人去砌墙吧？所以在战乱时期建筑业所需基本技能的丧失，成为战后经济迅速恢复的障碍。玛格丽特的向导曾经指给她看一栋房子塌了一半的屋顶，说："我爷爷知道怎么修，我可不会。"

当援助方和当地政府展开重建工作时，他们的投资抬高了建筑业的价格，资金就这么被挥霍，因为技能短缺是重建的瓶颈。比如在利比里亚修建一所学校的成本翻了一番。有些捐助方雇了中国承包商来做。中国方面没有这种瓶颈，因为他们一贯是自给自足，连整个施工队都是从中国空运过来的。把项目交给中国人虽然省钱，却失去了建筑行业复苏带来的主要短期利益，那就是为当地年轻人创造就业，而这在维持社会稳定方面又非常关键。那么，解决技能短缺瓶颈的办法就只有培训。冲突后社会需要大批的砖瓦匠、水暖工、焊接工等熟练工种来培训年轻劳动力。遗憾的是，这种事情太过琐碎，援助机构才不会去做。然而我们需要的正是"无国界砖瓦匠"（Bricklayers Without Borders）之类的机构的援助。

我们上文说到，冲突后社会非常脆弱，没有一个简单的政治方案能解决问题。唯一能有效控制暴力的办法是以远距离保证的方式进行维和行动。维和部队要等到当地经济恢复到一定水平时才能退出，而经济复苏则需要援助资金来提速。

这其中每一步看上去都很重要，但并不一定都值得付诸实施，因为可能代价过高。那么我们怎么判断某项干预行动值得去做呢？我的专业领域提供的办法是成本收益分析，通俗地说就是权衡利弊。那么让我们来权衡一下。既然目前对军事干预的争议很大，我就重点看维和行动的成本效益如何。其中要考察两项标准：成本收益率和净收益。

维和部队兵力部署的规模决定其行动能有效降低暴力风险的程度。我们只能估计个大概，准确的结果取决于技术方法，虽然我们选择的估计方法是恰当的，但肯定还有待改进。我们估计，每年投入 1 亿美元维和，10 年之内再发冲突的累积风险就从 38% 降到 17%。如果维和部队规模增大，风险还会进一步下降。年均投入 2 亿美元，风险就降到 13%；投入 5 亿美元，风险就只剩 9%。接下来要把风险的下降转换成收益。为此我们需要估计冲突的成本。我估计的数字是 200 亿美元。虽然这个数字看上去很大，但是在最底层10亿人的地区,这只是一场典型内战的最低成本而已,所以200亿只是保守估计。如果一场内战给社会造成200亿美元的损失,那么避免一场这样的战争收益就是200亿美元。由此可以推算,如果有一种方案可以把一场不可避免的战争变成一场相当于用掷硬币来决定是否发生的战争,那么这种方案的价值就是100亿美元。

此外,内战爆发风险每下降1%,就有1亿美元的收益。之前说过,在冲突后的10年之中,每年投入1亿美元用于维和,风险下降21%。所以这个收益就是42亿美元。维和部队10年的总成本是10亿美元。最后我们可以算出关键的指标——收益成本比率大于四比一,可见维和行动很合算。考虑到准确估计的难度,要断言结论的可靠性还为时尚早。技术上可以估计出统计置信区间,我也做了这个计算。但是证明我们结论可靠的一个更好的方式就是来自竞争者的挑战。与别的研究者得出的估计值进行比较,我们就能得出可靠结论的范围。虽然之前的结论不能算是我的研究成果,但我需要指出,它们有可能存在谬误,真实情况也有可能是维和行动得不偿失。2008年我受邀为哥本哈根共识(Copenhagen Consensus)[1]的专家组做一个报告,讲我们对维和行动的研究。有10个竞争团队做了关于不同议题的报告,旨在建议国际公共资金的用途,交给专家组来评审。整个过程"很可怕":专家组由诺贝尔奖经济学家们组成。在他们面前做报告,我紧张得仿佛回到了30年多前博士论文答辩的现场。最终维和行动被专家组选入资金投入项目的排行榜。用他们的话来说"专家组认为在冲突后地区的维和行动将会为投入的成本带来价值可观的回报"。

---

[1] 哥本哈根共识是丹麦的一家智库,从2004年起每4年发布一次全球最重大问题解决方案的排行榜,旨在为慈善家和决策者投资的优先顺序做出建议。其专家组由世界级经济学家组成,其排行享有较高的国际声誉。——译注

第三章　危局之中：冲突后协议

尽管收益成本比率为采取行动提供了有效的指南，但它并不能说明所有的问题。从这些数字中可以看出，维和部队是收益递减的——持续扩大维和行动的规模，投资对应的收益会越来越小。当然，规模并不是全部，质量也是很重要的。最初派往塞拉利昂的大批联合国维和部队没有发挥作用，因为当时的驻军既没有得到授权，也没有战斗士气。但是在既定的质量水平上，规模就很重要。虽然维和的收益随着规模增大而递减，但至少存在某种最优的规模。最优规模的概念可能听上去很深奥，其实它的意思很简单。当规模达到最优的时候，维和行动的边际成本等于边际收益；规模一旦超过这个最优值，边际成本大于边际收益，就得不偿失。原则上，求解维和行动成本收益率的过程也就是求解其最优规模的过程。很显然，维和行动面对的形势各异，不可一概而论，所以仅通过统计分析数据是无法得出结论的。

根据我那个简单的模型推算——虽然它尚不完善，但暂且用来做个示范——使维和行动的边际效益等于边际成本的最优投资规模在1亿到2亿美元之间。投入2亿美元，再发冲突的概率下降25%，相当于50亿美元的收益。10年间的总成本是20亿美元——有效的维和行动代价是高昂的。虽然在这个规模上，维和行动的收益成本比率不是最大的，但净收益高达30亿。这只是保守估计，因为这个战争成本的估计忽略了很多重要因素，所以我认为维和行动真实的整体回报应该更高。政治领导人的核心任务就是动员集体力量来提供公共品，并且保证其收益高于成本。国际维和就是这样一种公共品。

这种量化分析是否纯属信口开河？我认为刚果民主共和国的例子说明维和部队的介入避免了一场灾难。如果这是真的，那么投入这次维和行动中的资金就会收到很好的回报。量化分析为这种判断提供支持。没有人会傻到把政策建立在数字之上,但毕竟涉及巨额资金的使用和多少人的生命,要想避免"拍脑袋"决策,当然得借助可量化的信息。更何况,事实上国际维和也不受援助机构的青睐——各国援助机构当然希望把本国国防部支出的这笔巨额经费转到自己账上,而相关决策不应当是各方博弈争抢地盘的结果。所以,最终还得回到国际维和的回报是否值得投入这么多经费的问题上来。

虽然一开始没有地面部队很难保证维和的效果,但是到目前为止,英国在塞拉利昂的行动表明在5年之后可以撤出国际军队,以快速反应部队(rapid reaction force)提供的安全保证取而代之。法国直到1990年后期的安全保证,曾有效地把一个典型的非洲法语国家爆发内战的概率从10%减低到3%。法国的这种安全保证对内战风险的控制也许有助于判断远距离保证是否收益大于成本。

当我开始思考如何做法国在非洲军事干预的成本收益分析时,我构思了三个需要的部分:其一是冲突风险下降的数字——我刚才已经给出这个数字,从10%下降到3%。其二是把风险降低到这个程度所需的成本。我向法国财政部询问他们的快速反应部队花多少经费,他们反馈给我一个大概的数字——每年10亿美元。需要提醒的是,这只是一个估计值,不见得准确。这个数字相当于往一个国家派遣一支超级庞大的维和部队的经费,但是大概正因为如此才更加可信。事实上,用于提供安全保证的军队一定要足够应对预计最大规模的行动。最后我们需要估计被避免的冲突可能导致的损失。对于维和行动我用的数字是200亿美元,但是对于远距离保证,我想到一个更方便的办法——与其相比没有任何维和行动的情况,不如相对于维和部队一直驻扎不撤离的情况来为远距离保证估价。这

第三章　危局之中：冲突后协议

么一来我的问题就变成：在冲突风险不变的情况下，如果用安全保证的方式维和，有多少士兵可以撤离回国？这么考虑问题的好处是，我不需要估计冲突概率的改变对应的收益，因为用这个办法冲突风险是不变的。

地面部队撤离回国的利益显然取决于部队的规模，以及一支快速反应部队能够应对的事态数量。比如，我估计如果一开始驻军的开销是5亿美元，那么可以减少到1亿美元。这个估计数字只是打个比方，毕竟现实中没有那么多类似的实例可供参考。不过我们可以循着这个思路去指导现实的决策。比如说，一个远距离机动的快速后备部队的士兵应对冲突的效果远不如一个驻扎在冲突发生地的士兵。但是如果同一支快速反应部队可以应对多个地区的冲突事件，那么使用快速反应部队的效率就比在多地分别驻扎地面部队要高得多。快速反应部队好比消防队，而当地部队则像是自动喷水消防系统。在我的例子里，一个快速反应部队只要能为三处冲突后地区提供安全保证，那么它的收益就大于成本。而这还没有算上绝大部分时候士兵们无需驻守他国的好处呢。

我们能从本章的讨论中得出什么结论？冲突后社会非常脆弱，没有单一的政治对策可以解决所有问题。维持冲突后国家和平稳定的关键办法是维和行动，而且维和行动后期应该转变成远距离保证的方式。维和行动在派遣国和接受维和的地区两方面引起不安情绪是可以理解的，但这些不安是没有必要的。即便是维和行动也不能立竿见影，往往需要持续约10年之久。维和行动为经济重建保驾护航，两方并非对立，因此发达国家的援助机构和国防部门之间的预算之争实属不必。建立冲突后地区的和平局面耗资不菲，经济重建也需要巨额预算。为维和行动投入大量经费的理由是其回报远高于成本。因此我们应当支持维和行动。与此同时，冲突后国家也需要大量的经济援助。有了援助，经济能够更快复苏，维和部队才能真正撤出冲突后地区。

第二部分

面对现实:残酷、野蛮又漫长

第四章

枪炮：火上浇油

　　我们知道，不是枪炮杀人，而是人杀人。卢旺达发生的种族灭绝的历史告诉人们，大规模屠杀用不着枪子儿——胡图族政府用砍刀夺走超过 50 万人的性命。但是如果你的敌人手里有枪，你也必须有。胡图族政府可以用砍刀屠戮图西族手无寸铁的平民，但是反对派要和政府军作战就必须有武器。没有叛军的枪炮，就没有叛乱，也就不会有残酷、野蛮又漫长的内战。与此同时，因为邻国的政府有枪，我国政府也需要枪——没有枪炮就不能保卫平民不受持枪邻国的威胁。这就是许多政治领导人获得支持的主张：最核心的国家公共物品是国家安全，保障国家安全的办法就是增加军费预算。

　　和许多其他问题一样，一个拥有枪炮的国家会更危险还是更安全是由实际情况决定的。除了因为狂热的政治立场而扩充军火之外，还有三种非常合理的可能性：第一，廉价又大量的枪炮可能增加暴力冲突的风险；第二，拥有这些枪炮会使暴动的后果十分严重，所以反而起到震慑作用，使反对派不敢轻举妄动；第三，冲突越频繁的地区枪支越泛滥,但出现这种状况是因为在动荡不安的社会中,人们倾向于拥枪自卫——枪支泛滥是结果,而非原因。理论家们似乎相信这些问题可以用意识形态来解决,他们热衷于表面上说得通事实上站不住脚的各种政治信仰,而这很有可能只是一厢情愿。

关于枪支也许最重要的问题是,它们能否起到震慑暴力的作用。为了回答这个问题,首先需要知道为何政府要大量购置枪支弹药。这相当于一个鸡生蛋还是蛋生鸡的问题:是暴力的风险导致军费增加,还是军费增加造成暴力的风险?如果军费支出能确保国家安全,那么这笔钱就花得值。不过,在陷入这种简单的思维模式之前,我决定先考察究竟是什么带动军费支出。在我年轻的时候,当时的马克思主义者们曾经很热衷于把这个问题归咎于"军事工业复合体"(the military-industrial complex)[1],而我却不认同这个思路。

在冷战期间学术界曾研究北约(NATO)和华约(Warsaw Pact)的军备竞赛。但随着冷战的终结,这个领域无人问津。近年来很少有针对发展中国家军费开支的研究,所以我和安珂决定自己动手。因为缺乏经验,我们花很长时间才走上正轨,最终于2007年发表研究成果。不久就受到哥斯达黎加总统、诺贝尔和平奖得主阿里亚斯(Arias)的委托,在这篇论文的基础上撰写政策建议,以支持他削减军费开支的计划。哥斯达黎加几乎取消军费开支,这是领先于世界的成就。我们很高兴能够用研究得出的证据支持总统先

---

[1] 军事工业复合体,出自第三十四任美国总统艾森豪威尔的演说,指国家军方与私人军工企业等因为相关的政治经济利益而紧密结合的共生关系。军工企业以政治游说来确保政府的国防预算,而军方则依赖这些企业提供武器和军需,此联合垄断关系为发"战争财"获取暴利,推行遏制和震慑的对外政策,发起不必要的(甚至有害的)军事行动,在国际关系上可能引发军备竞赛和武器扩散。——译注

第四章 枪炮：火上浇油

生的努力。

政府并不乐意公开军费开支的数据。这一点都不奇怪，但这增加了对军费的分析难度。我差点就说服美国政府提供他们对各国军费的估计数据，但最终被拒绝了。于是我们采用斯德哥尔摩国际和平研究所（Stockholm Peace Research Institute, SIPRI）的估计。我们决定用军费开支占国民收入的比例作为军费的指标，根据SIPRI的数据，从1960年到1999年40年之间军费占国民收入比例的全球均值为3.4%。从百分比来看似乎很小，但实际金额是庞大的：到2006年这个数字高达1.2万亿美元，相当于全球援助预算总量的10倍。单是最底层10亿人的国家就花费了90亿美元。而这些国家收到的援助经费总额为340亿美元。我们的问题是为何某些国家的军费比例高于其他国家，以及为何某些时期的军费开支高于其他时期。我们发现最高的军费比例为国民收入的46%，最低为0.1%。

我们从最简单的问题着手研究。政府大幅增加军费的一个最明显的原因，就是本国正在和他国交战。我想，如果这一点不能从数据中得到验证，那我们最好就此放弃，换个课题。我们如愿得到预期的结果：在相同条件下，如果一个国家正与别国交战，其军费开支占GDP的比例会比其他国家高出1.5%。然而，如今很少爆发国际战争，由这个原因导致的军费开支只是全球军费的很小一部分，绝大部分的开销是花在和平时期的。

一个国家目前没有和其他国家打仗，并不意味着该国自认不存在外部威胁。我们冥思苦想，希望能找到一个衡量外部威胁的指标。我们想到"一朝被蛇咬，十年怕井绳"，具体来说，如果一个国家曾经对外用兵，可能就会担心再次打仗。也许这威胁来自邻国，比如邻国政府穷兵黩武，或者自诩国际警察，热衷于拯救他国于水火之中。我们决定按照这个思路试试，专攻二战后的战争史。果然，一个国家只要曾经和别的国家打过仗，它长期的军费开支和没有打过仗的国家相比平均高出1.8%。我们又考察这种高额开支是否随着时间而缩减。按理说总该有缩减的时候，但是我们没发现这种趋势，根据可掌握的信息，多年前发生的战争使得军费支出至今仍居高不下。如果我说得没错，那么这就意味着国际战争的代价之中很大部分是在战争结束后累积起来的——国家在战后继续被巨额军费拖累。

一个国家潜在的外部威胁可以用其先前经历过的战争作为指标，不过我们采用的指标更加简单，那就是冷战。冷战很显然是一段各国深受战争威胁的时期，不过与之前提到的第一种指标不同，这威胁从未成为事实。除此之外，冷战有一个清楚明确的结局，也就是苏联的解体。因此冷战的终结意味着多国的潜在威胁同时解除，这不啻为一项自然实验。你将会看到，这种自然实验是非常有用的，它可以模拟那些困扰"力利浦特"们——最底层10亿人的小国家——的大小冷战终结的影响。那么，冷战结束对全球军费开支有影响吗？当然，冷战结束后全球军费骤降35%。苏联的崩盘为全世界贡献和平红利。

然而，冷战期间战争威胁的性质是不同寻常的：美国和苏联虽无国土交界，但依然可以互相威胁。这自然是他们有核导弹的缘故。除此之外，差不多其他的外部威胁都在邻国之间产生。没有共同的边界，就谈不上真正的威胁。哪怕是后来的核导弹扩散也没有改变这个情况：印度和巴基斯坦正是因为毗邻而相互戒备，所以如今才会各自把核导弹对准对方。

来自邻国的威胁到底有多大？在同等条件下，这取决于邻国的军费开支是多少。针对战争的研究有不少漂亮的经济学模型。经济学很擅长用术语包装丑陋的研究对象，比如，这些研究战争的模型就被命名为竞争成功函数（contest success functions），其重点在于假如你的敌人增加军费，那么你的理性选择就是也增加军费。这一点也许你凭直觉就能想到，不过经济学家们的数学证明无疑为我们提供了可靠的验证。有了这铁一般的定理，我们就可以研究"力利浦特"是否真的存在军备竞赛。首先我们需要按照国界相邻的标准分类的数据。我们找到一个本该是现成的数据库，没想到谬误挺多，比如中国居然和乌干达接壤，所以又做了一些处理才能用。顺便说一句，这也解释了为什么干我们这行的研究工作需要耐心，你得检查、检查再检查才能确保不出差错。我们的数据很好地遵循定理：在同等条件下，如果一个国家增加军费，那么它的邻国也会增加军费。

我们还没有说完关于外部威胁指标的问题。还有一个很明白的道理是，假如你有可能面对中国和不丹这两个邻国，你会更担心哪个？暂且不论政治因素抑或军费比例，你会觉得中国的威胁更大，因为它是大国。不过，人口众多的国家一般来说军费开支占国民收入的比例比较小。这是本书贯穿始终的一个重要论点，即国家安全有规模经济效应。"大"不一定好，但"大"是安全的；"小"是既危险又昂贵的。

由于上个世纪各国交战的惨痛历史，外部威胁一直是我们国防考量的重点。国际关系领域有专门研究这个问题的分支。但是实际上国际战争几乎已经成为历史，在最底层10亿人的国家，影响军费开支的主要因素来自他们国境之内。威胁来自内部而非外部。

对于国内安全威胁，军队最显然的用途是平息叛乱。如果一国政府正在打内战，那么军费开支占国民收入的比例就上涨1%。与对外战争相比，内战发生得更频繁，而且平均耗时10倍甚至更久。所以在最底层10亿人的地区，内战对军费开支的影响比国际战争更重要。据我和安珂估计，在非洲国家，内战对军费的影响大约是对外战争的2倍。

但其实内战也并不多。和国际战争一样，政府多数时间是在未雨绸缪，而非真的在打仗。安珂和我建立一个叛乱风险模型，目的是研究政府是否会增加军费来应对更高的叛乱风险。我们发现很强的效应：面对叛变的风险，政府会组建一支庞大的军队来维持稳定。

这无异于刚出油锅又入火坑。一支大军既是国防的力量，也是一个利益团体。我们做的最接近"军事工业复合体"这个概念的研究就是考察军队是否为自身的利益而谋划。一般来说，各行业都会为自身的利益而奔走游说。柏拉图认为理想的政府应该由"哲学王"来主持，也就是学者治国。遗憾的是柏拉图的伟大构想在历史上实践的次数太少，无法做统计验证，不过我怀疑一个由教授们领导的政府会把钱更多地花在大学上。

教授们甚少领导政府，将军们就完全不同。有时国民在选举中会投票给将军，因为他们是打胜仗的英雄——美国人民就选了艾森豪威尔将军。但是更常见的情况是，将军通过另一种途径掌权——他们自己选自己。军人当政的例子非常普遍，所以它对于军费开支的影响可以进行统计分析：军政府是否会像教授政府增加大学经费一样增加军费开支？答案几乎是一定的。在军事政变之后，军费激增，并且在安全隐患程度相等的情况下，军政府普遍会在军队方面投入更多的经费。当然，他们可能并非出于私心。将军、上校等军官们想的也许并不是"轮到我们大捞一笔了"。也许他们在想，"我们总算能让保卫国家和平这件大事得到它应得的重视了"。所以军政府增大军费开支很可能是出于善意。与其剖析动机，我更倾向于考察结果。领袖们可能好心办了坏事。

到目前为止，我是从"政府觉得自己可能需要或乐意把钱花在哪里"这个角度来探讨军费开支的。但是正如其他任何一项开支，军费投入也得考虑国家是否承担得起。我们使用的指标是军费开支占国民收入的比例，但这个指标仍然会遗漏很多有关负担能力的信息。其中之一，就是国家经济实力到底有多强。高收入人群购买奢侈品的开销占收入的比例高于低收入人群。这可不是说教之辞，而是一项定义。经济学家们对"奢侈品"的定义是：随着收入的增长，购买某项物品的开销增幅比收入增幅更大，该物品就是奢侈品。与之相对的是"必需品"，也就是在收入很低时依然需要购买的物品。这就是为什么低收入人群的食物消费占总开销的比例高于高收入人群。当前全球粮价上涨对于小康之家来说顶多是个烦心事，但对于贫寒人家来说就是灾难，因为他们一半的开销都在食物上。

那么，军费开支属于必需品还是奢侈品呢？我们常听政治家们说，军事安全是重中之重。在经济学的话语体系里，重中之重的物品是必需品——你会为它消费，哪怕这意味着放弃其他不那么必要的东西。这么说，军费开支是必需品。这一定是个真命题，但是我们应该知道，妇孺皆知的事实——比如定理——有时候也会被证明是错的。实际上，这的确错了。军费开支是个不折不扣的奢侈品：随着收入的增长，军费开支的涨幅更大。从一方面来说这是好事：最穷的国家花在军备上的钱占国民收入的比例应该更低。但从另一方面来说，随着全球经济发展，军费开支占比会越来越重。总之，无论政客们如何宣传其必要性，军费开支的特征表明它是政府的一种奢侈品。

我们还研究另一项财政政策。低收入国家获得大量经济援助。我们想知道这些经费是否一不小心就被分配给了军队。如果存在任何这种情况，都应该是疏忽导致的差错，因为旨在促进发展的援助和军事援助是截然不同的：这些经费的用途是改善教育、兴建基础设施等。用于军事援助的经费记在不同的账上,专款专用。20世纪60年代美国的对外援助中,发展援助和军事援助各占一半。这种情形逐渐在改变,目前军事援助远远低于发展援助。这个优先事项的变化是明智的,你接下来会看到,安全靠的是发展而不是枪炮。

经济援助到底有没有被花在军队上?问起来容易,回答就难了。难就难在因果关系。我们想查看援助是否导致军费开支,但很可能这个因果关系是反过来的。那些选择高额军费开支的政府可能会获得较少的援助,因为援助国不赞同这种政策重心。为了考察援助经费有没有进入军费预算,我们需要关注援助经费的差异中与援助国对于受援国军费开支的反应无关的部分。经济学家们在2003年找到了解决问题的方法,我们就采用这个已经成为标准的办法。它的前提是这样一个事实:出于历史原因,不同援助国向不同的国家对象提供援助经费。意大利援助其前殖民地埃塞俄比亚,法国援助科特迪瓦。另外,国家对外援助预算随着经济周期而时起时落。所以当意大利经济比法国好时,埃塞俄比亚比科特迪瓦拿到的援助要多。关键是,这个差异与两个受援国自身的情况无关。所以如果埃塞俄比亚增加军费,而科特迪瓦削减军费,那么要么只是巧合,要么就是援助导致军费开支的变化。巧合总是有可能的,但随着观察对象数量的增多,巧合就变成小概率事件——统计显著性指的就是这个意思。

说了这么多,我们到底有什么发现?我们的结论是,援助经费的确被挪用给军费开支:平均11%的援助资金进入军事预算。

援助可以通过多种方式导致军费增长。最明显的例子就是,由于有的援助经费指明专用于某些开销,实际上是为受援国政府省下原本要拨给这些项目的财政预算。为了避免造成这种结果,唯一的办法就是援助国只批准把资金投入那些受援国政府本身不会拨款的

第四章 枪炮：火上浇油

项目。然而在过去的10年之间，发展援助的理念有了很大的转变，强调国家自主权，由受援国自主决定援助金额的用途。这样一来，政府要把部分发展援助经费用在军队上就更容易。最底层10亿人的地区获得的发展援助总额为340亿美元，如果11%的援助进入军费，那么就有37亿美元援助经费变成军费。而这些地区的军费开支总额大概是90亿美元，这就意味着他们40%的国防预算是由发展援助来买单的。但愿是我高估了问题的严重性。哪怕平均11%的发展援助被挪用作军费，如果援助国能把经费尽可能多地投给那些挪用比例低于均值的国家，那么军费来源中援助款的比例就会低于40%。

如果我们把这个结果和邻国之间军备竞赛的证据相结合，将会得出一个令人不安的推测。也许发展援助在无意之间为这些小国的军备竞赛提供了资金。我们将会看到，这对于冲突后国家的影响尤其重大。

枪炮是否阻止内战的爆发？增大军费开支也许能把动乱扼杀于萌芽状态，但这种早期的震慑是另外一回事。枪炮是否防止内战又是一个易问难答的问题。既然防止动乱是购置大量枪支的理由之一，那么就可以用统计学的方法去分析它。即使扩充军备是用来降低风险的，高额开支很可能对应的是高风险——你可能看出来，和援助与军费开支的问题一样，这里同样存在反向因果关系的麻烦。解决办法也一样，要找到一个东西，它影响军费开支，但不通过军费之外的途径影响内战概率，经济学上称之为"工具变量"。原则上，通过只由工具变量导致的军费开支的变化，可以判断军费开支是否导致内战发生的概率变化，也就是回答购置枪炮能否防止动乱的问题。

我们用这个方法得出的结论是：军费开支没能防止内战的爆发，实际上我们没发现它有任何影响。这有可能是因为使用的工具变量不够好。社会科学研究，要令人信服地证明一件事情没有影响可比证明它有影响难多了。但我们做得更进一步，使得结论更有说服力。你已经知道，风险最高的情况就是冲突后的局势。我们研究在这种环境之中是否与其他情况不同，政府的军费开支是否有效。我们的确发现了显著的区别。但是，事与愿违，在冲突后国家增加军费不但没有震慑动乱，反而造成事态升级。

我们的工作进行到这里，安珂正好到了预产期生下亨利。为此，我们迅速地收尾并发表论文。我本可以夸口说，我们的研究有条不紊、环环相扣，取得了满意的结果。它应该如此，但事实不是这样。对于冲突后国家的风险，我沿着两个方向去做，发表两篇文章，主题不同但有关联。我意识到我们对于军费开支的研究无意中忽略了冲突后国家特有的其他影响因素，最主要的就是维和行动。显然我们应该把两个研究结合起来。我和年轻的挪威政治学家哈维德·海格力（Havard Hegre）一起完成这件事。我们还是检验冲突后政府的军费支出的作用，此外加入维和行动。谢天谢地，之前的结论仍然成立：增大军费支出显著地提高了再发冲突的风险。

至于为什么会是这样，我们得跳出统计的结果去推理。我的猜测是，政府增大军费开支，民众就会以为政府要实行高压统治，而这更是为刚刚放下武器的反政府组织拉响警报，让他们认为放弃对抗的决定是不明智的。

我之前介绍过两个研究结论：援助经费落入军费开支；冲突后国家军费开支增大再发冲突的风险。现在有一个矛盾：发展援助对于冲突后的经济复苏很重要，而经济复苏能够降低未来冲突的风险。综合来看，发展援助对于冲突后国家是一把双刃剑，一方面帮助重建经济，另一方面则无意中助长危险的军事开支。

到目前为止我们研究的重点在政府的军费开支，但是反政府组

第四章 枪炮：火上浇油

织是怎么得到军火的呢？一个途径是敌对的政府为邻国的反政府集团提供枪支。政府方面的军火落入非正式的用途，这只是诸多例子中的一个。以堂而皇之的理由购置的枪炮最终落入叛军的手中。

反政府运动首选的武器是卡拉什尼科夫冲锋枪。原因之一是结构简单、可靠耐用，未经训练的人也可以使用。这点很重要，因为反政府组织招募的对象多是教育水平不高、没有作战经验的年轻人。原因之二是卡拉什尼科夫冲锋枪价格低廉。这是因为苏联曾经大规模生产这种武器，还把生产许可授予它的卫星国。最近一个建立卡拉什尼科夫冲锋枪工厂的富有洞见的政治领导人是委内瑞拉总统查韦斯。兴许他造枪是为了赠送友邦吧。

经济学家们对价格特别感兴趣。我记得当我还年轻的时候，有位著名的经济学家对我说："（价格）就是我们的一切。"他的意思是说经济学的核心就是关于行为的理论：我们假设消费者和厂商在各自面临的限制条件基础上，都会尽可能地最大化某样东西。他们面临的主要限制就是价格。用这个理论，经济学家们可以预测人的行为如何根据限制条件的变化而变化。如果商品价格下降，人们对其购买量会增大。所以如果卡拉什尼科夫冲锋枪价格低廉，反政府集团就会买得更多。政治学家们不那么热衷于价格，而这群人主导着针对暴力冲突的研究。所以有关枪支的数据都是以数量为单位：枪支交易数量的数据有很多，枪支价格却是空白。

好几年来我都在尝试寻找价格数据，结果我找到一个叫菲利普·克里克（Philip Killicoat）的澳大利亚研究生。他主动请缨，建立一个按国家和年份分类的卡拉什尼科夫冲锋枪黑市价格的数据库。这是个艰巨的考验，而他成功了。7个月之后，他得到300多个观察数据，足够做统计分析。我们准备就绪。哪怕是简单一看，也能从中发现很有意思的东西：一把二手的卡拉什尼科夫冲锋枪在非洲的价格只有其他地区的一半。所以我们的研究就围绕着这个现象展开：为什么卡拉什尼科夫冲锋枪在非洲的价格比在其他地区低这么多？这个现象有什么意义？菲利普不得不重新审视自己的工作。因为一般来说，经济学系对一个问题的重要程度不那么感兴趣，他们关注的是学生是否以最高的标准来应用某项最新的技术。他不仅是牛津大学半个世纪以来第一个从零基础开始训练直到入选划艇校队的学生，还花了7个月的时间搜集数据，与此同时他的毕业论文获得优异的分数——你完全可以相信，他做出的结果是可靠的。

所以，为什么二手卡拉什尼科夫冲锋枪在非洲那么便宜？答案是，因为枪支主要是从政府军内部流出的。政府军的士兵通常报酬很低，所以他们有卖枪和偷盗军火库的动机。政府军在镇压叛军期间大量购买卡拉什尼科夫冲锋枪。所以枪支从正规渠道进口到非洲，被盗，变成非法枪支，如此就不容易再出口到其他地区卖高价。这是因为非洲以外的国家一般都有严格的边境监控，要把枪支卖到非洲以外绝非易事。但是这些枪械不会只在最初买入它们的非洲国家停留。非洲国家之间的边境管理非常松散，所以这些廉价的枪械在非洲大陆四处流转，被卖到当下最需要它们的地方——哪里有冲突，它们就出现在哪里。第二个问题是"这个现象有什么意义"。菲利普的这个问题是说，廉价的枪支是否会增加暴力冲突的风险。按照简单的经济学理论，这个现象应该有重要意义：廉价的枪支应该降低叛乱的门槛，所以应该更可能发生暴力冲突；换一种方式说，因为廉价，所以小型的反政府组织会买得更多，导致冲突更有可能升级到内战的程度。我不得不承认，我原本以为靠现有的数据不太可能得到答案。结果菲利普发现了显著的影响：廉价的枪械增加内战的风险。菲利普回澳大利亚之前，他非常慷慨地把所有数据都留给

第四章 枪炮：火上浇油

奥斯陆的国际和平研究所（Peace Research Institute），以待更多勇于开拓的学生来更新并扩大数据库。

菲利普研究的意义之一，在于指出危险国家会把危险扩散到整个地区。另外，如果非洲内部边境控制不严格，那么防止武器流向目前危险地带的办法就是防止武器进入整个地区。有两个方式可以实现，但都不容易。其一是防止发展援助的经费被挪作军用——控制购置军备的财源应该可以控制购入军火的数量。其二就是试着限制贸易量。

以上每一个方式都显得鲁莽无理：其他地区都在大量买入军火，凭什么不让非洲买？在非洲人民及其支持者们举起义愤填膺的大旗之前，请暂且退后一步，想一想非洲自身的利益吧。很显然，非洲再也无须面对来自这片大陆之外的军事威胁。所有的威胁都来自本土，要么是非洲国家之间，要么是国内的动乱隐患。来自邻国的威胁让双方政府面临囚徒困境。虽然增加军事开支让自己感到更安全，但却让对方受到威胁。正如我之前所说，一国增加军费，作为应对邻国也会增加军费。这些小国的军备竞赛对整个地区造成威胁。此外我们说过，小国的军费开支比例更高。非洲虽然人口总数远不及印度，却有54个国家。所以相比其他国家数目少的地区，非洲国家在军备上浪费钱的情况更严重。

解决囚徒困境的对策是合作。非洲需要集体行动来遏制军费开支。但合作的难点在于执行：各国政府都希望邻国合作降低军费开支，而自己却不愿这么做。巩固合作的方式很多，最直截了当的办法是说服一个中立的"警察"来强制执行。这个"警察"的角色可以由援助国来充当，保证援助经费不被挪用；或者是联合国来实施有效的武器禁运。不论是谁来做，总之，非洲得有这么一个"警察"。我之前说过，援助国近年来改变观念，更不容易控制经费用途。那么，直接限制武器出口可行吗？

如果说发展援助无意中为购买军火买单，而且廉价的枪支增大了内战的风险，一个可能的对策是限制武器进入危险地带。幸运的是，这些最容易爆发内战的国家还没有工业化，没有自己的军工，所以限制贸易就能限制枪支。近年来这个政策背后聚集了足够的社会支持，从而时不时得以实践。例如，在科特迪瓦政府和北方反对派的对峙僵局之中，联合国宣布对双方实行武器禁运。这种政策有效吗？我接下来要介绍史蒂夫诺·德拉·魏格拉（Stefano Della Vigna）和爱莉阿娜·拉·费拉拉（Eliana La Ferrara）的研究工作。

他们认为，说到底军火商生产武器所用的资金来自民众的投资。当然，不是每个股东都了解自己购买股份公司的经营情况。但只需少数人投入时间精力去一探究竟公之于众，就足以影响股票价格：如果他们发现一家公司因为武器禁运而受到损失，人们会抛售股票，股价就会下跌。德拉·魏格拉与拉·费拉拉沿着这个思路去搜集信息，他们查看一个国家在被武器禁运之前，是哪些军工企业在向它出口武器。接下来他们看武器禁运的宣布对这些公司股票价格的影响。

他们的发现乍看让人费解：有的公司股价下跌，有的公司股价上涨。难道这只是股票价格的随机波动吗？事实证明这不是随机的。经合组织（OECD）国家——也就是发达国家——军工企业的股价在武器禁运之后显著下跌。然而OECD之外国家的军火商股价反而上涨。他们意识到，最可能的解释是非OECD成员国的军火商违反武器禁运，因为没有OECD国家的竞争者，他们正好从中牟利。

他们得出的结论是，武器禁运不是没有效果，而是需要更有效的政策来实施。如果一家公司股票价格因为受武器禁运的影响而上涨,那么就值得怀疑。这个简单却意味深远的结论证明统计研究大有裨益。

本章的关键结论是,因为军备竞赛不断升级,军费开支很可能增加得过度,变成整个地区内部的公共弊病。最底层10亿人的国家的军费开支总额为90亿美元,其中40%是用发展援助经费来买单的。另外,在边境控制松散的地区,一国政府大量购买的枪支会逐渐流入邻国的黑市。这些黑市上交易的廉价枪械增加了内战的风险。最终的威胁来自冲突后国家,由于冲突后国家往往军费开支很高,所以他们不仅没能如愿以偿地控制内乱,反而增加了冲突的概率。

这些国家的军费开支不仅过度,而且还挪用了发展援助。如果国际社会想补救,有两个措施:限制武器购买的数量,或者通过指定援助的用途,把军费水平控制在一定范围内。武器禁运虽然成效不佳,但在合适的政策下还是可以起到作用的。枪炮对于政治暴力无异于火上浇油,需要得到有效控制。

第五章

战争：关于破坏的政治经济学

为什么有些地区战乱频仍？伊拉克使人们对 21 世纪战争的理解陷入深深的困惑。伊拉克战争没有指向未来，而是重蹈原本已经终结的世界历史的覆辙。伊拉克战争始于外国入侵。两次世界大战、拿破仑战争、克里米亚战争、普法战争以及其他战争史上的重大事件都是这样开始的。在 21 世纪，外敌入侵的情况会越来越罕见。本世纪充斥在我们电视新闻中的战争将会是内战而不是国际战争。当然，19 世纪既有国际战争也有国内战争，但那时即使是内战也是一幅令人绝望的图景。19 世纪最主要的内战就是美国南北战争。从法律上来讲是内战，在形式上其实是一场国际战争——一些州结盟攻打另一些州的联盟，每个州都有自己的领土、政府和军队。但那已经成为历史。

未来内战的形式是政府对抗一个法律范围之外的私人军事团体。他们会被称作叛军、恐怖主义者、自由战士，或是匪徒，但是本质上没有区别。这种战争仍然会造成一种倒退，但毕竟所处的历史阶段不同:那会是民族国家与政权国家融为一体的前夕。

本章开头的问题换一种说法就是,为什么在有的国家爆发内战的风险比其他国家更高?如果能够回答这个问题,那么或许我们可以采取一些行动:某些导致内战风险上升的因素也许是可以立刻得到纠正的。我研究内战原因已有数年,虽然仍然不能完全确定,但我得出了一些答案。我用统计学的方法,在尽可能长的时间段上考察全世界所有国家,研究是什么决定内战在某时某地而非他时他地发生,也就是说为什么有些地区如此危险。

我方法的核心部分是根据某国一些具体情况预测该国是否会爆发内战。这个方法里面有一些问题,但最大的困难是没有数据。内战的数据倒不是问题。密歇根大学——这所学校是量化分析政治现象的先锋——的一个研究小组建立了一个1815年以来全球内战数据库。斯堪的纳维亚也有人建立类似的数据库与之竞争。但是绝大部分历史时期的其他数据实在太少,无法与内战的数据对应起来:比如找不到1960年以前的绝大多数国家的经济数据。不过即便有,在1960年之前很长时期内几乎所有低收入国家都曾是各帝国的领地,内部冲突都被掩盖起来,不可能有透明的信息。各帝国之前的时代或许还能做出有意思的东西来,但是可用的数据太少。即使是1960年以后,最可能发生内战的国家也是最不可能有可靠数据的国家。在国际组织的全球数据库中,这些国家因为缺乏数据,在表格中就以点或空白显示。然而幸运的是,我们踩准了研究这个课题的时机。

90年代末,当安珂和我第一次尝试用统计分析来研究内战的时候,我们只能搜集到23场内战的数据。那简直让人绝望。2004年,我们第二次做这个研究并发表论文时,掌握的资料包括53场内战和550种可能触发内战的局面。这是个进步,但仍然很不理想。在

第五章　战争：关于破坏的政治经济学

最近一次研究中，多米尼克·罗内尔加入我们，而且有三个方面的因素有利于我们的研究。第一，内战发生的次数更多，而且也有更多的本来可能开战但最后没有发生的例子。安珂和我每5年更新一次研究数据，第一次的数据截止到1999年底，现在截止到2004年底。这确实是非常重要的5年，因为这是国际社会大力平息战火的5年，所以我们也能检验这种努力是否减少了内战的爆发。第二，在这段时期内，学者们非常积极地量化各种现象、填补空白，所以我们基本掌握了完整的历史数据。第三个有利因素说起来有点尴尬：我们自己的技术也进步了。我们发现了一个很厉害的统计软件，可以为缺失的数据随机指定一系列不同的值。我一向不愿意使用编造的数字，但是这个方法的好处是它以不同的概率为缺失数据赋值，每次指定一个不同的数值。这样你就知道，缺失数据以不同的概率取不同值时得出结果的稳健性如何。我们用这个办法去检验只由真实数据得出的主要结果。

我们的另一个进步是能控制反向因果关系或者共同原因（common causality），这是经济学家们目前做研究的热门方法。就拿我们最主要的一个结果来说，低收入国家更可能发生内战。这是否只是低收入与内战的一个关联？也就是说，两种现象常常同时发生，但前者并非后者的原因。从关联到因果可不简单，我接下来会详细解释。初步的判断方法是看事件发生的先后顺序。如果低收入先于内战的发生，这就意味着低收入是战争的原因。但这样就足够吗？从发现关联到确定因果关系，有三种情况会导致得出错误结论。

一是内战是可以预见的。如果你知道你所在的国家有暴力冲突的风险，就不大可能在这里投资。所以这个国家因为战争——哪怕是尚未发生的战争——而变得贫困。这种情况下，不是低收入导致战争,而是对战争的预期导致低收入。另外一种情况是,这个国家可能有一些我们没有考虑到的情况导致内战。比如若纳斯·萨文比(Jonas Savimbi)在安哥拉发动了两场内战。既然内战会对经济造成破坏,在第二场内战开火前,安哥拉就已经很穷。在这种情况下,低收入的发生先于第二场内战,却不是第二场内战的原因。有一些我们没有考虑到的因素——萨文比——持续诱发战争,而第一场内战导致收入降低。第三种情况是可能有些因素同时导致收入的降低和战争风险的上升。比如施行恶政,既民不聊生又官逼民反。总而言之,仅凭低收入发生在战争之前这个现象不足以说明前者是后者的原因。

经济学家们逐渐学会控制这些问题。他们引入一些步骤来减少结论的不确定性。我们在最新的工作当中运用这些技术。更多的观察数据的确有利于研究,因为这些技术一般都需要大样本。具体来说,我们的分析仅限于首次内战,就可以避免萨文比问题。我们加入恶政的控制变量,并且在分析中包括尽可能多的描述国家特点的变量,这样就减少了恶政之类的问题。对于预期冲突带来的问题,我们用一些影响收入但不影响内战风险的因素来估计收入水平,以此替代实际收入水平。理论上,这个办法同时也可以解决上一个问题。这些方法也不能保证毫无问题,但至少我们是在大量复杂的数据基础上做出结果的——最多有84场内战和1600多种可能触发内战的历史局面。虽然这还不够好,总有能改进的地方,但我们已经能得出值得关注的结果。

我们虽然是经济学家,但依然对导致内战的原因抱着不可知论的心态,所以我们常在尝试寻找来自各门社会科学的可能原因。除了各种经济因素,还包括历史、地理、社会结构以及政治体制因素。有一点需要明确:我们没有考察直接造成冲突的人物性格和政治事

第五章 战争：关于破坏的政治经济学

件。所有的战争都有多种原因。萨达姆·侯赛因侵略科威特的理由之一是科威特王室竟敢质疑他的出身是非婚生子。这些轶事有助于我们了解某一场具体的战争，但是会扰乱和影响我们对内战这种现象的理解。为了避免战争，我认为大家应该知道刺激精神病患者不是个好主意，但我的研究是为了找到造成内战风险的结构性因素，并且假以时日这些是可以改变的。所以让我们来看看，到底是什么导致了这84场内战。

经济是其一。即使在我们尽力控制可能导致谬误的因素之后，低收入国家面临的风险仍然明显更高——穷是危险的。不仅仅是收入水平，还有增长率。在同等收入水平上，相比经济停滞或衰退的国家，人均经济增长更快的国家面临的暴力冲突风险更低。这在某种意义上让人欣慰，告诉我们经济发展有利于维护和平。有些人一厢情愿地幻想通过抑制经济增长来建立和平社会。这是幻想重建伊甸园。对此我嗤之以鼻。

从古代社会的历史证据得出的结论也支持1960年之后的全球统计数据。正如阿扎尔·盖特（Azar Gat）在他的杰作《人类文明中的战争》(*War in Human Civilization*)中所展示的，历史上那些穷困潦倒的国家极其动荡不安。经济发展是解决暴力问题的关键。关于经济发展对和平的促进，真正的难题是在各种途径中找到真正起作用的那一个。我怀疑在整个经济发展之中，并不存在一条可以独立推行的良策。我的猜测是有好几个方面，譬如增加就业、改善教育、树立愿景，让人民拥有一些他们不愿失去的东西，以及提供更好的国家安全服务，所有的这些都有用。

除了经济水平和增长率以外，还有其他方面的经济因素对暴力有影响。对自然资源的依赖也会增加风险。为资源而打的战争就是例证——利比里亚的木材、塞拉利昂的钻石，还有刚果的矿石储备都曾是战争的诱因。这一点也得到关于国内暴力冲突的统计分析的支持。例如，安哥拉国内的冲突倾向于集中在钻石矿区。为什么对资源的依赖容易导致暴力冲突？很显然，因为资源对反政府集团来说意味着现成的财源，资源就是各方争抢的蜜糖罐子，资源使得政府无须公民纳税也有钱运转，有了资源就可以逐渐不关心人民的诉求。

然而，这也许是我们的结论中最具争议的。有的学者认为这只是石油效应，还有的批评说这是另一种反向因果关系。安珂和我已经学会戒骄戒躁：这些年来我出过不少错，所以不敢自诩无懈可击。我们用新的数据检验是否石油才是真实原因，从结果来看不是这样。然而我们确实发现一个拥有足够自然资源的国家会变得安全。沙特阿拉伯和其他富得流油的海湾国家就非常和平：他们负担得起牢固的安全体系，也有实力收买潜在的对手。事实上，伦敦政治经济学院的弗朗西斯科·卡塞利（Francesco Caselli）最近复杂的理论工作预测了自然资源的这种两面性——一方面自然资源会增大风险，另一方面足够丰富的资源也能降低风险。

反向因果关系的问题更棘手一些。我们用初级产品占收入的比例作为资源依赖的指标。这将不可避免地造成一个问题：低收入国家——无论是什么原因导致的低收入——本来就很可能有较高比例的初级产品出口，一个简单的原因就是其收入——这个比值的分母——很小。一些研究人员尝试通过使用另一个指标来避免这个问题，他们用的是自然资源储备的价值。世界银行发布2000年各国的自然资源储备的估价数据。可惜这个指标又遇上另一个反向因果问题。任何针对自然资源储备的估计都是基于资源开采公司的勘探。勘测的成本很高，所以已探明储量的价值既是地质概念也是经济概念。而公司只愿意在开采权受到保护的国家进行勘探。所以在1960

第五章　战争：关于破坏的政治经济学

年到 2000 年间，资源勘探活动很少在陷于内战的国家或战争风险很高的国家进行。用这个办法做研究的学者们因此得出结果，宣称拥有大量资源储备的国家更和平。最近，这个反向因果关系问题被蒂姆·贝斯利和托尔斯滕·佩尔松克服。他们研究大宗商品价格上涨是否影响大宗商品出口国的内战的风险。与我们的结论一致，他们发现风险增大。不过，他们还发现了一个非常重要的限制条件：如果该国的民主体制质量足够高，那么风险就不会增加。如同选举和改革，民主只要不是幌子，就是一种正义的力量。

　　以上讨论了经济因素，接下来我们谈谈历史原因。在解释内战的时候，最常被人提起的历史因素就是一个国家的殖民地历史。可以理解，对于许多发达国家的人来说，强调自己国家的过错是一种很方便的说法；同样，对于许多发展中国家的人来说，用这种说法可以避免从自己国内找动乱的原因。所以需要证据表明殖民主义应当为后来发生的暴力冲突负责。不过安珂和我没有找到支持这种论调的证据。无论是独立以来经历的时间还是前殖民势力，都似乎没有影响。我不想把话题扯得太远：显然葡萄牙语国家的非殖民地化是灾难性的。安哥拉、莫桑比克、东帝汶统统直接陷入内战。但是葡萄牙帝国相对较小，而无论是大不列颠帝国还是法兰西帝国——最主要的两大殖民帝国——都没有发现有什么显著影响。埃塞俄比亚和利比里亚都没有被殖民浪潮吞噬，却爆发了血腥的内战。我想强调这不是为殖民主义脱罪，我也不是殖民主义的辩护人。但是把内战归咎于殖民主义是一个代价高昂的幻觉，因为这阻碍了对其真实原因的关注，而真实的原因往往是一些仍然可以改变的事情。拿殖民主义说事可以让很多人感觉更好，但这阻碍了真正应当采取的行动。

　　另一个学者们热衷谈论的历史是冷战。很显然，有些内战双方各受美国或苏联的支持和挑唆。正如尼尔·弗格森（Niall Ferguson）简明扼要地指出的，人们曾经以为要爆发的"第三次世界大战"结果变成"第三世界大战"。但是，即使是冷战的影响也是众说纷纭。虽然超级大国插手各国内战不假，但是超级大国是否是各国内战的原因，这点就不确定了。实际上，他们甚至有可能起到了缓解的作用：假如任何小规模的战争有可能升级成为第三次世界大战，也许超级大国会阻止冲突的爆发。为了检验这种可能性，我们考察冷战结束后内战爆发的频率是否与我们的预计显著不同，结果与我们的想法吻合。冷战结束后最初的几年间，暴力冲突发生的频率骤然升高，但是1995年以后世界就恢复了正常。可见，对于"第三次世界大战"的恐慌并非"第三次世界大战"的起因。

唯一真正有影响的历史因素是一个国家以前是否打过内战。一个国家一旦曾经打过内战，就很有可能再次打仗。然而这就陷入了一个共同原因的问题。假如这个国家有一些特定的情况导致冲突频发而我们没有考虑到，比方说这个国家的人天生好斗，从统计上看，好像是一场战争导致另一场战争，但是实际上两场战争都是一个共同的原因而起。为了解决这个问题，我们计算距离上一次内战的年数，然后看是否这个时间差或者曾经打过内战的事实决定第二场内战的概率。结果表明，距离上一次战争的时间长度是唯一有影响的因素。再发冲突的风险随着时间而逐渐降低。这意味着，冲突的风险不是由某种潜在的、不变的因素导致的，而是受到上一次内战的影响，但这种影响随着时间逐渐衰减。

讨论完历史，再说社会结构。我们研究过的最重要的社会结构因素就是族裔和宗教分立的影响。在这一点上我出糗了——新数据推翻之前的研究结果。之前我们发现族裔和宗教多样性有两个相反的效应。新数据展现的关系更加直截了当：多样性增大暴力的风险。根据我们得出的结果，族裔和宗教多样性同时存在时问题更严重。

社会结构的另一个影响暴力风险的方面，是男青年在人口中的比例。男青年的定义是15岁到29岁之间的男子，这个年龄段的男人是危险的。我想这并不奇怪：很少有暴动是老太太们发起的。这个人口比例的效应很大，数据表明男青年非常危险——男青年比例翻1倍，5年之间冲突的风险从5%上升到20%。然而我们需要注意以下几点。在统计上很难区分男青年多的国家和女青年多的国家，除了中国，其他国家男女青年的人口变化趋势都是相同的。在绝大多数暴动中，战斗人员都是男性，不过也有例外：厄立特里亚人民解放阵线（Eritrean People's Liberation Front）有三分之一的女性成员。同样，处于作战年龄的男青年比例高的国家和人口增长迅速的国家也很难区分。

社会结构最后一个有影响的方面是规模。冲突的风险随着人口规模而上升，但上升幅度较小。在同等条件下，如果一国的人口是另一国的两倍，那么发生内战的概率在人口多的国家只比人口少的国家高一点：具体来说高五分之一。我们可以这么想：这意味着如果两个完全相同的国家合并，忽略民族主义的影响，那么在新的合并国家爆发内战的概率就会下降。假设原本每个国家各有10%的概率发生内战，那么内战在任何一个国家发生的概率大约是20%。合并之后，在新的大国发生内战的概率只比原先的一个小国高五分之一，也就是12%。所以战争的风险从20%下降到12%。

究其原因，我认为是国家安全的规模经济效应，而且这一点很重要。原先的帝国解体之后，新独立的国家大部分都很小，不足以产生安全的规模经济效应。国家合并可以享受规模经济效应带来的好处，但是由此造成的更大的族裔多元性却可能带来负面效应。当下所有的政治压力都在让国家变得更小。厄立特里亚从埃塞俄比亚分裂出来；东帝汶从印尼获得独立；南斯拉夫变成6个国家；南苏丹将举行公投以决定是否从苏丹独立。这些国家建国或独立的历史缘由暂且不论，由大变小、化整为零的这个国家嬗变趋势究竟是好是坏？

说罢社会结构，接下来谈谈地理因素。我们研究了是否有特定的地理类型适合实施叛乱。两种地形最有可能为反政府组织的活动提供避风港：森林和山地。森林比较容易量化。联合国粮食农业组织有一个按国家分类的森林数据。我们用这个数据进行分析，没有发现任何效应。没有类似的山地数据，只有一些非常粗略的指标，比如国家最高海拔。但这种数据对于研究反政府组织的活动没有用，他们又不想在喜马拉雅山顶安营扎寨，他们要的是崎岖不平的地貌，这样不容易被政府军发现。我们求助于世界一流的研究山地的地理学家，委托他提供山地占各国领土比例的量化指标。这个指标如今被广泛使用。我们最新的研究显示，山地的确是危险的。

最后，我们要讨论的是政治因素。政治无疑是暴力冲突真正的导火索。我们考察了一系列政治学的变量，其中被政治学家们广泛使用的一个因子是政体指数（Polity IV）。我之前已经介绍过结果：在低收入国家搞民主和在高收入国家搞独裁都是危险的。除此之外，我们没有发现其他政治因素有什么影响。很多人理所当然地认为国内的暴力冲突是政治压迫的结果，但我们通过数据分析没有发现证据支持这个论点。当然，这不是说政治压迫无害。政治压迫从定义来看就是不义的，因为它践踏政治权利。即使没有增加国家的暴力风险，政治压迫也有弊端。但是，我研究的对象只是暴力风险。

现在让我们来阐释这个结果。这需要从统计分析中跳出来。我得预先声明：统计证据否认一些说法，同时也支持另一些理论，当然我自己的理论也可能出错。下面我要说说可行性假说（feasibility hypothesis）。根据可行性假说，理解内战的关键在于研究叛乱发生的过程而非原因。

为什么要重点关注叛乱？这是否表明我们偏向于支持政府？我们关注叛乱，仅仅是因为内战爆发的定义就是发生叛乱。除了哥斯达黎加和冰岛之外，所有国家的政府都有军队，所以不可能用政府军方面的活动来定义内战。有时一国的军队会向手无寸铁的平民开火，虽然很卑鄙，但这种事件属于屠杀，不是内战。内战爆发的界定性条件，就是政府军队的武力垄断受到挑战——国内出现私人武装组织。没有一家政府能容忍其国土上存在私人武装，所以即使是政府先开火，界定内战的条件仍然是反政府武装组织的出现。

如果把研究重点放在内战的原因上，那么自然就应该关注反政府集团组建军队的动机。我以前的工作就是从这个角度做的——我写过一篇题为《在贪婪和怨怼之外》的文章，质疑"叛乱是因为对政府不满"这个习以为常的观点，提出叛乱也可能是因为贪婪。但是那篇文章只是从探讨动机这个角度做了一些补充，而现在我已经改变视角。我觉得洞察叛乱的关键，不是问"为什么发生"而是问"通过什么方式发生"。一般来说叛乱——至少以内战的规模出现的叛乱——的可行性不大。我使用约定俗成的内战定义，要求至少每年战斗减员1000人。按照这个标准定义的内战，平均持续7年。所以我们研究的反政府组织需要满足的条件是，能够大面积杀伤以及被杀伤，而且还能在多年间持续活动。

这个规模的叛乱面临两个困境。一是钱——叛乱需要大量财力物力。有人得为枪械付账，有人得为部队买单。

人们常常以为叛乱只是另一种形式的政治抗议：人民不能投票就武装斗争。然而，通过对比一个中型的反政府组织和一个大型党派的经费，我意识到叛乱并非政治反对派的一种变体。我选取的反政府组织是泰米尔猛虎组织（Tamil Tigers）。作为反政府组织，猛虎组织的情况并不算典型：他们活动的地方在斯里兰卡东北部，没有可提供巨额财富的自然资源；他们的战争经费也不是靠钻石提供的。我选择猛虎组织，只是因为关于他们的经费有丰富的数据资料。其年收入约为 3.5 亿美元，这个数字相当于斯里兰卡东北部地区 GDP 的 28%，其中大部分来自境外泰米尔人的资助。

至于反对派政党，我决定找一个有钱的。我选择的是英国保守党——史上历时最长、最成功的政党之一，而且作为右派，该党的财源稳固。我选的时间是 2005 大选年，正是用钱的关头，这一年党派的收入应该比较高。相关信息比泰米尔猛虎组织的好找多了：他们的年收入为 5000 万美元。相比之下，世界上经费最充足的在野党之一，收入居然只是一个中等规模的反政府组织的七分之一。猛虎组织的经费是他们试图控制地区 GDP 的 28%；按照这个比例来看，英国保守党连猛虎组织七分之一的实力都不到，只有万分之一。从反对党到反政府私人武装之间，不是一条简单的通道，而是万仞绝壁一般的经费门槛。绝大多数本来可能发生的叛变——无论其动机为何——都是因为缺钱而失败。

另一个困境是军队。绝大多数情况下，如果一小群青年男子武装起来对抗政府军，要么他们的活动仅限于针对平民的恐怖袭击，要么他们就只能在与政府军的正面作战中被剿灭。只有在政府军很弱的情况下，他们才有更大可能存活下来。扎伊尔反政府军领袖洛朗·德西雷·卡比拉（Laurent-Désiré Kabila）之所以能够经营多年，是因为总统蒙博托已经把所有政府机构——包括军队——都糟蹋侵蚀得差不多了。

那么可行性假说到底是什么呢？在解释一场叛乱是否发生的时

候，重要的不是看动机，而是看具体条件是否具备可行性。这个假说最让人不安的部分，也是我认为最接近真相的部分，那就是叛乱只要可行就会发生——反政府活动领域会被某些社会企业家（social entrepreneur）主导，而他们的诉求可能多种多样。研究内战的人大多在政治学系，所以他们很自然地用政治去解释动机。有时候的确是政治原因，虽然不一定是为了促进社会公正的那种政治动机。然而，即使是看似师出有名的叛乱，有时也是值得质疑的。

就拿达尔富尔（Darfur）的一系列叛乱活动来说。苏丹政府当然很糟糕，而且在冲突过程中大肆杀戮、草菅人命。但是达尔富尔冲突的部分原因是当时政府正与南部的反政府武装签署和平协议。南部的反政府武装苏丹人民解放军（The Sudanese People's Liberation Army）从北方的政府手中赢得了可观的让步：南方获允成立自己的政府，拿到相当比例的石油收入，还得到大笔援助经费的承诺，以及停火 6 年后举行独立公投的约定。谁知南方和平协议刚签订，苏丹人民解放军中来自达尔富尔的部队就返回老家自立门户，继续作战。显然你可以看到，有了南方的先例，至少对反政府军领导来说，叛乱是一件有吸引力的事情。首领摇身一变成为总统，手下也能捞个部长当当——分裂国家是有利可图的。当然，达尔富尔人民在苏丹政府治下饱受蹂躏，揭竿而起是正当的。但是至今为止，冲突对达尔富尔人民造成灾难性的损失，如今的局面比任何其他可能的情形都更糟糕。要么是反政府军统帅误判行动的后果，要么就是反政府武装运动的初衷并不是为了争取达尔富尔人民的福利。当政府在斡旋之下同意谈判时，主要的叛军组织却拒绝了，很难理解拒绝谈判如何能为达尔富尔人民谋利。

有时，反政府武装运动看似出于宗教动机。叛军组织类似卫科

（Waco）和琼斯镇（Jonestown）[1]的边缘宗教组织，但是其暴力是针对外界的。这种组织的成员可能纯粹出于嗜好暴力的动机：任何国家都仅有一小撮人心理变态，但这类人最有可能在暴乱队伍中打头阵。有时其动机甚至可以是性欲。据说乌干达圣灵抵抗军（Lord's Resistance Army）首领约瑟夫·科尼（Joseph Kony）拥有60位妻子——也许这就是他年轻时代的梦想？

统计结果并没有证实可行性假说，但却显示出与之吻合的模式。我用这些结果去模拟两个假想地区的冲突风险，在其中一个地区发起叛乱的可行性要高于另一个地区。为此我仅仅改动5个与可行性程度最相关的指标。一个地区多山，另一个地区是平原：山地为叛军提供避风港。一个地区的青年男子人口比例很高，另一个地区该比例很低：青年男性是反政府组织招募的对象。两个地区都有5000万人口，但一个地区是统一的国家，另一个地区则被等分为5个1000万人口的国家：小国家难实现安全的规模经济。一个地区依赖自然资源的出口，另一个不是这样：类似的出口可以为反政府军提供经费。一个地区位于非洲法语国家，受到法国的军事保护，另一个地区不受外国军事保护。除此之外，两个地区的各种条件均相同，都被设定为所有国家的平均数。接下来，我预测两个地区的冲突风险。5年之内易于发起叛变的地区在其5个国家之中任何一国发生暴力冲突的概率是99%：这个地区太过危险，几乎陷于无止境的冲突之中。不易发生叛乱的地区只有1%的风险：该国是基本安全的，即使一个世纪之内也很难发生暴乱。

两个地区这些戏剧性的差异并没有可靠的证据支撑。我用来构

---

[1] 卫科，邪教大卫教派的大本营。琼斯镇，邪教人民圣殿教教众的聚居地。两地均位于美国。——译注

建"易叛乱"和"难叛乱"的条件同样也可以用动机来解释。例如，多山之地叛乱风险高，我的解释是山地为叛军提供庇佑。不过，还可以从动机的角度来解释。居住在山地的人民通常比其他地区的人民收入低。他们忍无可忍而打下山来：山地有重要影响，但这是因为山地导致收入不均，引发怨怼。然而，并不是我刻意忽略这类不同的诠释，而是我发现导致对政府不满的最相关的因素——譬如政治体制——对冲突风险都没有显示出什么影响，而这些可以用可行性来解释的因素居然有这么大的效应，硬要从不满政府这个动机上来解释，实在是说不通。

内战有什么成果？最显然的是战争致人伤亡。大部分死亡不是战斗减员，而是由于疾病。大规模战斗把人引向荒野他乡，在那里他们不是天然免疫，而且公共卫生系统也处于瘫痪状态。因为疾病持续时间很长，很多死亡发生在战争结束之后。

同时，战争也对经济造成破坏：不仅破坏本国的经济，还损害邻国的经济。同样，这些影响也是长期的，所以很多经济损失在战争结束之后才凸显出来。我估计，最底层10亿人地区的一个典型国家，这些经济损失高达200亿美元，相当于两年的国民收入。然而，我后来意识到这个估计值看似很高，实际上仍然低估了真实的损失。

这个估计没有考虑到这样一个事实：深受国内暴力冲突侵扰的民众大多属于世界上最贫困的人群。相比于一个衣食无忧的人，损失1美元对一个穷人来说影响更大。最底层10亿人地区的普通公民与其他发展中国家普通公民之间的收入值已经达到一比五。即使在最底层10亿人的地区，收入也不均衡。近年来冲突频发的国家也是最穷的国家。它们不仅现在是最穷的，很有可能今后一直都是最穷的国家。因为增长缓慢本身就是导致暴力冲突的一个很显著的因素，最容易发生暴乱的国家全都是经济发展最落后的。

我的估计也没有考虑到这个事实：和平是发展的根本，所以没有和平，其他可能的干预行动都很难施展。为儿童提供疫苗，或是发放抗逆转录病毒药物这些工作在战时几乎无法开展。在全球公共品的供应体系中，这成为最弱的一环。譬如，天花在全球范围内已经消灭，一个国家接着一个国家宣告战胜天花，这是与时间赛跑，因为直到天花被完全消灭之前，都有可能卷土重来。世界上最后一个宣告消灭天花的国家是20世纪70年代的索马里。如果是现在，这几乎是不可能的。自1993年开始，索马里就成了禁区。所以和平稳定是所有其他援助干预成功的前提。这一个论点甚至可以用经济学技术性的语言和公式来表述。金融学家们计算期权价值。流动性资产——例如银行存款——的真实回报率高于利息，因为人们一有机会就可以选择其他投资方式。和平也有它的期权价值。

最后，我没有考虑三种全球溢出效应（spillover effect）：犯罪、疾病和恐怖主义。大规模政治暴力及其导致的国家体系瘫痪让国际犯罪在某些地区获得比较优势。这些地区沦为犯罪分子及其活动的避风港，例如犯罪分子将其作为非法物资和毒品的存放地。95%的毒品生产都集中在内战连连或冲突后的地区。内战导致的公共卫生系统瘫痪以及大规模难民转移也为疾病的传播提供条件。疾病的传播有时会影响邻国，而且也会潜在威胁全世界其他国家。一个有据可循的说法是，艾滋病是从一场内战期间开始传播的。最后，内战为恐怖主义提供便利。基地组织的大本营在阿富汗，因为那里没有一个受承认的政府。而当基地组织渗透进索马里的证据浮出水面时，美国政府终于认识到没有政府的索马里是多么危险的一件事。

这告诉我们政治暴力的代价是巨大的。哪怕内战可以换来健康的政治变革，我们也有必要问问最终的好处是否值得付出如此高昂的代价。然而，内战的最终悲剧是国家往往不会走上更好的政治道路。如果我们从政体指数（Polity IV）来看，内战之后，国家没有改善，而是恶化。正如我们看到的，一场内战对国家的馈赠最有可能是下一场内战。

如果可行性假说是正确的，那么它的重要意义在于告诉我们：要预防暴力冲突，不能着眼于冲突的动机问题，而只能尽力让冲突不易发生。叛乱是难是易，要看反政府组织能否得到枪支和钱财，以及国家政府是否能有效将其制服。反政府武装运动所需的军火和经费大多来自国外。国家政府的有效性随着经济发展水平上升。国际社会可以在防范战争方面有所作为：一方面可以通过限制枪械和经费来削弱反政府组织；另一方面也可以尝试去除经济发展的障碍。

国际社会应当压制反政府组织的活动吗？当切·格瓦拉标志性的海报问世时，我还是个学生。对我这一代人来说，支持发展中国家的武装斗争是我们支持解放运动的一个自然延伸。但是从殖民主义中解放和反政府运动是两回事：前者把国家凝聚为反抗外国压迫的整体；后者分裂国家，迫使手足相残。纠正过去深信不疑的观念是痛苦的，但真相是武装斗争往往都导致历史的倒退。

第六章

政变：不受控制的导弹

作为政治暴力的一个工具，军事政变在本书中扮演着核心角色。与政治暴力相关的嗜血杀戮几乎都集中在反政府武装活动中——狂热追随者们称之为武装斗争。由于内战带来的惨痛后果，反政府武装活动应当尽早成为历史，但是政变是另一回事。对于政变，我们要做的不是根除，而是要控制。武装分子们号称为国家而斗争，但鲜有实现初衷的；然而政变可以完成武装斗争未竟的事业。我可不是在赞美政变，毕竟迄今为止政变的结果基本上都很糟糕。接下来我们就详细说说。

假设你是最底层10亿人的地区的某国总统。尽管普通人的生活艰难，但幸运的是国民的爱戴和供奉让你过得相当滋润。在发达国家，总统们不得不熬到卸任之后出一本畅销的回忆录才能赚到钱。即使在比较成功的发展中国家，政治领导人往往也不能利用权力敛财。转型最成功的国家——马来西亚的前总理马哈蒂尔（Mahathir）掌权多年也没有成为富人。当非洲最成功的经济体——博茨瓦纳的总统奎特·马西雷（Quett Masire）卸任时，他甚至担心自己会破产。然而在最底层10亿人的国家，政治领导人在任期间聚敛财富已经成为一种传统风气。卸任对于他们来说，不是对回忆录签售会的期待，而是对失去财源的恐惧。这种风气如此盛行，以至于一位热心公益的非洲富商莫·伊布拉欣（Mo Ibrahim）为自愿卸任的非洲国家总统提供了500万美元的奖金。也许，假以时日，这种激励能够改变政客的行为吧。

我们曾经讨论过，大多数总统已经学会如何应对选举。每隔几年由选民来决定其去留，总统们已经不至于每天早晨一想到这个就一身冷汗。讽刺的是，他们现在怕的竟然是保卫国家安全的系统——他们怕自己的军队发动政变。自独立以来，非洲国家大概每两年就有一次成功的政变。和选举不同的是，政变可以在任何一天、任何一晚的任何时间发动。如果发生政变，有时总统逃得掉，有时就没那么幸运。利比里亚总统多伊（Doe）被赶下台后，政变头领不仅把他折磨至死，还全程录像。所以总统们惧怕政变是有道理的。本章应该是某些总统最感兴趣的内容。以下的分析出自本尼迪克特·高德里斯（Benedikt Goderis）和安珂·霍芙勒（Anke Hoeffler）的研究。

尽管政变对总统们构成威胁，但对于其他人来说不一定是坏事。如果受到威胁的体制是独裁政体，政变不是什么值得大张挞伐的事情——或许这还是唯一可以教训独裁者的办法呢。当然，如果民主体制也受到政变的威胁则是另外一回事。即使政变推翻的是独裁者，作为经济学家，我也不禁要问："它的成本是什么？"一场内战显然损耗巨大：狭义地说，国民收入遭受损失；广义来讲，无数人在战争中死去，社会凝聚力也分崩离析。那是因为内战耗时太长，破坏力大而且战后局势也不稳定。然而政变是一种外科手术式的袭击，或许这是一种小成本的推翻暴政的有效办法。与其无端猜想，

第六章 政变：不受控制的导弹

不如实证研究。看到这里，或许总统先生们已经怒不可遏地要扔掉这本书。不过请等一等，我保证很快会讲到重点：怎样才能降低发生政变的可能性。总统先生们如果没有耐心，可以直接跳到下一部分。

要理解政变的成本，可以从政变对经济增长造成的影响出发。我们发现简单明确的影响：政变造成当年国民收入减少3.5%，但是几年以后经济就可以恢复正常。把后几年的影响一并考虑进去，政变的成本大概是一年收入的7%。我们意识到这个成本也许只是冰山一角。经济学家们发现政治动荡对经济是不利的，而政变可能是政治动荡的一种重要形式。政变的主要成本或许并不是此后短短几年之内的影响，而是其造成持续的恐惧后果。投资者们对军事政变风险较高的国家避而远之。为了研究政变的风险是否会导致严重后果，你得先估计这个风险。在这个过程中，你会发现一个国家容易发生政变的原因是什么，我很快就会讲到这一点。我们把这个风险引入经济增长的模型，以便检验政变的风险是否比政变本身对经济的损害更大，结果没发现有影响。当然这不是说完全没有，而是表明即使有，影响也很小。

用一年国民收入的7%来更换政府，这个代价可不低。但是如果现任政府实在祸国殃民，能够换一个好的政府或许也值得。为了避免一场战争，伊拉克人民愿意用一年收入的7%来驱逐萨达姆·侯赛因吗？为了免于经济崩溃和大规模背井离乡，津巴布韦人民可愿意付出这个代价来推翻总统穆加贝？这是政变和叛变之间的重要差距。叛变及其引起的内战带来高昂的社会成本，在我看来应该属于下下策。武装斗争听上去很浪漫，但通常是祸国殃民。有一种说法是，如果政府和反政府组织都一样糟糕——我认为这是普遍现象——国际社会就应该保持中立。我强烈反对这种论调。通过内战推翻政府——成功率五分之一——给国家带来的损失太大，所以应当阻止反政府武装运动，除非反政府组织确实比政府好太多。在面临战争或是和平的问题上，保持中立是不恰当的。但是政变不一样，国际社会应当评估政变能否改善国家制度。

不难列举政变对国家有改善作用的理由。仅仅是发生政变的威胁就能够约束政府的行为。比如，最底层10亿人的国家少有现任政府落选、新总统获选执政的例子，其中之一就是2000年的塞内加尔。现任政府同意接受选举失败，是因为军队警告他，如果不让位就要发动政变。而塞内加尔军方是受几个月前科特迪瓦军事政变成功的鼓励。所以在这个情况下，一国的政变保证了另一国民主程序的顺利进行。

政变的好处不仅在于其威胁能够约束政府，更可能是在万不得已时罢黜不称职领导人的唯一办法。2005年，毛里塔尼亚（Mauritania）的埃利·乌尔德·穆罕默德·瓦尔（Ely Ould Mohamed Vall）上校领导了一场外科手术式的政变，上台后承诺还政于民，举行公平选举并且自己不参选。他忠实履行了这个承诺。毛里塔尼亚的大选一切按程序进行，选出的政府目前看来非常称职。但即使是善意的政变，在推翻暴君之后也可能导致政治体制的恶化。埃塞俄比亚皇帝海尔·塞拉西一世（Emperor Hailie Selassie）集大权于一身。到1974年，耄耋之年的皇帝昏聩无能，国家一贫如洗。前顾问约翰·斯潘塞（John Spencer）在一次觐见之时，皇帝预言6周之内会发生政变，使他大为震惊。事实上，政变在第二天就发生了。事成之后皆大欢喜，除了皇帝本人——年迈的皇帝被废黜，广受尊敬的阿曼·安多姆（Aman Andom）将军上台执政。但故事还没有结束。虽然在老朽不堪的皇帝执政水平上做出改革不是难事，但是军事政变却引发了更大的灾难——门格斯图·海尔·马里亚姆

第六章 政变：不受控制的导弹

上校（Mengistu Haile Mariam）发动了第二场政变。他掌权之后把国家推向血腥战争的深渊，他一手打造了世界上最专制的体制，并且把国家经济破坏殆尽。

更令人担忧的是，政变不一定是为了反抗暴政，也可能是军方夺权的机会主义行为。民主国家圣多美发现石油储藏之后不久，军队就发动政变。一场夜间政变罢黜冈比亚总统达乌达·贾瓦拉爵士（Sir Dawda Jawara），其过程居然是一群士兵喝醉之后前往总统府，本打算要求提高薪酬，却发现总统府毫无防卫。2006年，泰国军事政变解散按照民主程序获选连任的政府。所以，我们不得不问，政变到底是针对暴政低成本的外科手术式打击，还是握枪的人沉迷权欲而发动的灾祸？两者皆有可能。接下来，我们就要讲到忧心如焚的总统先生们可能会感兴趣的内容。

总统先生们，请从这里开始读：以下我会介绍政变的决定因素。我的方法仍然是搜集尽可能多的政变数据，再用统计的方法解释它们的发生原因。有个标准的国际数据库记录全球各国成功的军事政变。这很有帮助，然而我又发现了亚利桑那州立大学的政治学家帕特里克·麦克高万（Patrick McGowan）提供的一套新数据。他的创新之处在于，不但记录成功的政变，还囊括失败的尝试，甚至还有那些还在谋划阶段、尚未举事就被扼杀的事件。他只有非洲的数据，但这仍然集合了大量失败的谋划、未遂的尝试和成功的政变。我们认为，所有的政变——无论成败——都经历过谋划阶段。所以我们就有336例政变的策划，其中191例付诸实施，82例获得成功。现在，我们的任务就是解释每一个阶段的决定因素：为什么要策划政变？是什么让策划付诸实践？政变成功的决定因素是什么？

既然我写这些内容不是为了帮助担心政变的总统们保住权力，

而是为了讨论如何减少这种形式的政治暴力,那么我就先讲最关键的。民主体制能否降低政变发生的概率?控制其他方面的影响,答案是否定的:政变在民主国家发生的概率至少不低于专制国家。我说"至少"是因为专制国家的高压可显著地降低政变的风险。所以,在最有理由发动政变的国家,反而最不可能成事。为什么高压政策能保护政府安全?我们发现是因为它能提高政府察觉政变计划的能力。专制体制所面临的政变密谋并不比其他政治体制更多,只是这些谋划在专制国家更容易夭折。在这句不咸不淡的论述背后,是专制国家的残酷现实:折磨、恐惧、卧底和间谍。这些手段都行之有效,无怪乎世界各国的独裁统治者都热衷于这一套。这就回到了希罗多德和先发制人剪除异己的故事。看到这里,忧心忡忡的总统大人把《战争、枪炮与选票》暂时放在一边,拿过床头一本便签簿,迅速记下一条备忘录:增加军事情报的预算。

政变的第二点令人不安之处在于,一场政变会引发连锁政变。埃塞俄比亚就是个例子。在非洲,一场政变发生的基准概率是每年4%。在一场政变之后,后续政变的发生概率大大提高:未遂政变之后的一年之内发生第二场政变的概率是10%。很显然,安多姆将军武装夺权时使用的理由,门格斯图也可以照搬来为自己取代安多姆政府背书。篡夺权力这个行为本身,对合法程序构成破坏。比没有合法性更严重的是,这为政变树立了一个榜样。安多姆将军无意中向年轻的军官们做出示范,只要大胆地干上一票,就可以从寒酸的军队营房搬进豪华的总统府,从此改变人生。虽然安多姆将军可能是受国家利益的感召而发动政变,但门格斯图就没那么高尚了——他上台不久,就坐上一辆红色的凯迪拉克在亚的斯亚贝巴满城转悠。除此之外,如果一场政变把现任的高层都赶下来,其他人就有机会往上爬。所以,新的政变头目很容易得到同伙的支持。

第六章 政变：不受控制的导弹

小结一下：被政变推翻的政府中好的比坏的多。一旦政变，就有可能引发后续政变，每一场政变都有代价。这样看来，政变并没有我们想象中的那么多好处。

族裔分化的情况对此有什么影响？毕竟这是非洲的少数特色之一。我发现一般来说，非洲的社会行为和全球其他地方的行为模式没有什么两样，如果出现反常，一定是因为在整体上驱使某种行为的因素属于非洲特色。在族裔分化对政变的影响上，非洲与其他地区大相径庭。在全球范围内，我们没有发现族裔分化或族裔多元性对政变的风险有什么影响，但是在非洲却大幅提高了政变风险。

还有什么因素影响政变的可能性？经济对于内战风险来说举足轻重，对于政变风险也一样。国家越穷，增长率越低，政变越频繁。所以如果总统采取振兴经济的政策，他就能更安全。看到这里，总统大人或许萌生了一丝兴趣，也可能神色木然：又是一篇搞好经济的说教！经济因素的另一个影响，是通过援助实现的。在可能存在反向因果关系的情况下，援助占 GDP 比例每增长 4%，发生政变的风险就增加三分之一。这可能是因为援助经费就像一罐蜜糖，使得对政府的控制权更具吸引力，所以援助国可能在无意间置受援国政府于更大的政变危机之中。

在我的研究结果中，还有什么能够宽慰一个焦虑失眠的总统呢？啊，对了，时间越近，发生政变的可能性就越低——政变过时了。看到这里，总统大人决定自己需要做的就是加大镇压力度并尽力维持现状，时间会站在他的一边。不妙的是，这么做的副作用在一定程度上减弱了总统的优势。他在宝座上多坐一年，政变的风险就增加一点——掌权几十年的政治领导人不仅没有成为国家不可缺少的人物，反而越来越不受欢迎。

对于现任总统而言，时间流逝带来的优势与他任期的长度带来的劣势相互抵消。在任何一年，比如2008年，一个长期掌权的总统与一个新上任的总统相比，面临着更大的政变危机。在位28年的总统穆加贝与赞比亚当政时间不久的总统姆瓦纳瓦萨（Mwanawasa）相比，已经过了他的安全保质期。我们还可以比较两位在不同时代长期执政的总统。2008年是总统穆加贝掌权的第28个年头。多哥总统埃亚德马（Eyadéma）在位的第28年是1995年。在那个年代，统治这么长时间之后，总统的处境险象环生，但埃亚德马成功地保住总统之位直到去世。多亏时代的车轮滚滚向前，2008年的穆加贝面临的形势比1995年的埃亚德马稳定多了。

除了加强专制工具和改善经济，还有什么能让总统大人远离政变之忧呢？在前人的研究中，一个广受追捧的办法是把军队分割成多个分队以便互相牵制。1982年肯尼亚政府能够挫败军事政变，是因为空军和其他军队不是一条心。扎伊尔总统蒙博托把他的军队分成多个支队，互相之间不允许来往，所以发动政变的难度极大。然而他也为这个政策付出代价，因为这样一来他的安全部队完全失灵——虽然规模庞大，但是扎伊尔连小小邻国卢旺达的入侵都抵御不住。

遗憾的是，有关军队内部结构的数据非常少，尽管"分而治之"的假说听上去颇有可取之处，但是无法从统计上检验其真伪。我们想到一个可能，既然内陆国家没有海军，在同等条件下，他们军队的分化程度比临海国家更大一些，所以在内陆国家发动政变更容易成功。我们对此进行了实证检验。虽然我们的确发现政变在内陆国家成功几率更高，但是这个效应并不具备统计显著性，所以得出的结果也可能只是偶然罢了。但是因为按照统计检验的标准，这个分析所用的样本量很少，所以结果不显著也不能说明什么。我的猜测是"分而治之"的策略是有效的。读到这里，总统大人应该按捺不住了,他已经把军队分成 7 个分队,每支分队交给一个表兄弟掌管。

那么让我再帮总统大人一把。我发现了一个更有效的办法,这个办法简单易行,是每个总统都能力所及的——那就是设定任期限制。上世纪 90 年代伊始,任期限制被广泛采用。如果一位在任的总统同意限定任期,例如规定任职不得超过两个 4 年,但是只愿意从新规定生效开始计算自己的任期,那么他还有 8 年的掌权时间,那也够长了。接受任期限制能显著地并且大幅地降低政变的风险。实际上政变风险因此降低一半以上。有了任期限制之后,90 年代的现任总统们的处境比以前安全多了。而当任期结束的那一年即将到来,眼看就快无法继续把持大权的总统们开始琢磨:我们真的应该卸任吗?这么做是不是不负责任?国家明明离不开我们呀?总统大人们怀着沉重的心情,被他们身边的阿谀之辈说服了。这些马屁精害怕总统下台,失去庇护。他们自己也是焦虑不已、六神无主。于是他们着手修改宪法,废除任期限制。

将废除任期限制的困难程度作为一个指标,可以衡量一个国家对宪法的保护机制有多牢固。乍得、津巴布韦和乌干达的总统都成功废除任期限制。俄罗斯总统别出心裁地绕过宪法,变身总理。赞比亚、尼日利亚和委内瑞拉总统的尝试却以失败告终。

任期限制能有效地降低政变风险的证据是目前最鼓舞人心的结果。它表明在一定程度上政变的确是限制权力的最后手段。但是任期限制降低政变风险的效果能否持续,取决于它是否可信。因为那么多总统都一直等到最后才废除任期限制,那些迫不及待要取而代之的人现在就得质疑,所谓任期限制是否只是骗人的把戏。如果军队以为总统设立任期限制,不过是为了在这个期限到来时将其废除罢了,那么采用任期限制实际上反而延长了军队对总统在位时间的预期。

仔细想想,总统穆加贝看了这本书会得出什么结论?他可能会意识到津巴布韦的经济衰退让他面临着政变的威胁。他还知道自己独掌大权 28 年，政变风险更加严峻。虽然相比卡斯特罗和卡扎菲，这不过是很短的一段时间，但是也足够长，至于任期限制就算了吧，唯一有戏的就是加强专制政策。但是军队已经蠢蠢欲动。总统大人寝食难安，还有什么好办法？

总统掌握着军费预算。如果担心军事政变，他可以修改预算。然而事情没那么简单，他应该减少还是增大预算呢？总统大人左右为难。如果军队是个威胁，那么最安全的办法是裁军。如果每位军官都可能是下一个拿破仑，那么军官越少，总统越安全。但是换个角度说，如果军队要求更多经费，那么最安全的办法是多给他们钱。总统犹豫不决：军费是涨是裁？这种时候，他知道可以求助于互联网，很快他搜索到一些研究论文。在这些论文中找寻答案好比破译德尔菲的神谕（Delphic oracle）[1]一般费劲，但他终于找到了。

在绝大多数国家，绝大多数时候政变的风险都是可以忽略不计的。如果军队总司令来向总统抱怨说军心不稳，那么一个明智的总统就会告诉军队他是这么想的：政变成功的可能性太低，没有哪个有脑子的军官愿意冒险。冒险的结果多半是失败，因此忘了事成之后的好处，好好掂量失败的惩罚吧。打着政变要挟的幌子来敲诈勒索真是痴人说梦。总统大人又提到哥斯达黎加的例子。这个国家成功地取消了军队，裁掉了预算。我们在数据里也发现相应的结果。在政变风险的正常区间，军费开支的水平对政变风险没有影响，并且政府应对小幅度的风险上升的政策是裁减军费。如果军队是个麻烦，你就该给它瘦瘦身。

但是政变风险还有另一个区间。如果风险很高，那么看似敲诈

---

[1] 德尔菲，古希腊城邦的圣地，供奉阿波罗。著名的德尔菲神谕就在这里颁布。——译注

第六章 政变：不受控制的导弹

勒索的威胁就很可能变成现实。总统知道政变成功的可能性很大，而成功的回报值得士兵们冒险。他只能增加军费，否则就会危如累卵。如果他满足军队，那发动政变的回报就会下降——总统就可以宽心。我们也从数据中找出了证据，在政变风险较高的区间，高水平的军费开支显著地降低了政变的风险，并且与之相符的是，政府应对高风险的办法是增加军费。我把这看成一种高端的勒索：军队敲诈政府的钱财，与一帮流氓收取保护费没什么两样，只不过前者在更高的层面上发生。

要破译经济学研究的德尔菲神谕，总统大人需要做的只是弄明白自己面临的政变风险是高还是低。如果风险低，总统大可以凭着自己的好恶行事，大幅削减军费预算，告诉那些佩着金穗带的军官自己是怎么看待他们这群没用的东西的。不过，假如政变风险很高，那么总统最好增加军费开支。他不得不横下心来顶住援助国的非难，从卫生预算里挤出钱来提高军队待遇。对于总统穆加贝来说，情况很明确。经济一团糟，独裁统治得太久，又没有限定任期——政变的风险随着这些因素水涨船高。他麻烦大了，只能靠铁腕专制和厚待军队来勉力维持。为此，他首先把警察队伍增加了一倍。

现在是时候回到我先前的那个奇怪的问题了：政变通常会让国家变得更好，还是更糟？我们知道政变是有代价的，但是如果这是推翻暴政的唯一选择，那么也许还可以接受。

我们需要从两方面考量政变的后果：政变的政治影响和政策影响。我们用标准衡量方法：政治体制方面用政体指数（Polity IV），经济政策方面我们使用的是世界银行的国家政策和制度评估（Country Policy and Institutional Assessment）分数。这两个指标都有其局限性，但是用来考察政变的影响是合适的。尽管政变的直接影响很可能是有害的，但是你得看长远效果。我们决定看政变之后的 5 年间每一年的情况。我们只研究成功的政变——只有成功才能改换政府。在我讲研究结果之前，先想一想一场温和的外科手术式打击是什么状况。即使是温和的政变，其结果在最初的几年内也可能会出现恶化。但是情况应该会迅速好转。我们也许有理由希望，政府更换 5 年之后，政治体制和经济政策都应该得到显著的改善。

然而这个愿望恐怕要落空。一场政变成功后最初的几年里，政治体制的确显著恶化。但是 5 年之后仍然没有好转，甚至还不如政变之前。经济政策的情况与此类似。政变之后的 3 年之内经济政策急剧恶化，在第 5 年时仍然比政变之前更糟。我们前面说过，政变成功后军费开支会大幅上涨，这不仅是为了防范更多的政变，也是为了犒劳部下。这样一来，世行的经济政策评估分数当然就会下降。政变的另一个后遗症是它显著提高了内战爆发的风险，所以政变对于国家政治方面的影响看来不太理想。

我得承认我没有研究一个方面的可能性。那就是尽管付诸实施的政变会造成恶劣后果，但对于潜在政变的恐惧可以让政客们如履薄冰，从而迫使他们采取有利的政策。对于这一点我没有研究，因为这个假设实在不容易验证。量化分析取决于差异：得用政变风险的差异来体现出政府政策的差异才行。我不太敢尝试，因为有太多的因素可以造成因果逆转的问题，政府政策的好坏也会影响政变风险的大小。我不确定能够找到一个有说服力的办法，而且得出的结果很可能会误导读者。虽然我没能就此做出分析，但也没什么可遗憾的，因为政府对军队的利益负责并不等于对平民百姓的利益负责。政府完全可能以牺牲国民利益为代价，改善针对军队方面的政策。

显而易见，如果一个国家已经病入膏肓，那么政变也不失为一

第六章 政变：不受控制的导弹

剂良药。在有的情况下，政变可能是兵不血刃地罢黜一个恶行累累的非法政权的唯一方式。而在这种情况下，军方的确有采取行动匡扶国家的责任。除此之外，还有抗议示威和反政府武装行动两种反抗方式。对独裁政府普遍的抗议活动只有在收入较高的国家才有。在最底层10亿人的国家，收入太低，很少有抗议示威，而且一有示威即被镇压。武装反抗代价太高，而且不太可能带来政治变化，不值得尝试。这样看来，为了保证政府称职地行使其职能，政变可以发挥作用。而今政变越来越少，这并不见得是好事。历史上的政变并不容乐观。外科手术式的打击的确是有的，但是更普遍的情况是，政变的头目并不是熟练使用手术刀的外科大夫，而是乱砍一通伤及国体的门外汉。到目前为止，政变就像不受控制的导弹一样，往往炸错目标。与其杜绝它们的发射，不如为其装上制导系统。

第七章

科特迪瓦的衰落

选举舞弊、政变、再次政变、战火连天——接二连三地遭受重创之后,科特迪瓦一蹶不振。然而这个国家曾经被誉为"非洲奇迹",前首都阿比让(Abidjan)曾有"非洲的巴黎"的美称。

为了解释科特迪瓦的衰落,我们得从它曾经的辉煌讲起:科特迪瓦的奇迹是怎么回事?这个国家曾经的繁盛并非建立在民主制度之上,而要归功于独裁总统费利克斯·乌弗埃-博瓦尼(Félix Houphouët-Boigny)治国有方。你将看到,他的政策冒着不小的风险,但差点就成功了。在这期间,总统把首都迁往他的家乡小村亚穆苏克罗(Yamoussoukro),并在那里模仿梵蒂冈圣彼得大教堂的样式兴建和平圣母大教堂,竣工之后还邀请教皇前来祝圣。大教堂的兴建甚至动用援助资金,为此援助国骇然不已,大加嘲讽。但是有史以来各个国家都会借助纪念性建筑物来树立一个共享的国家特征。人类学家科林·伦弗瑞(Colin Renfrew)认为英国的巨石阵就是这么一种建筑。在我看来,创造一种国民共享的认同感正是这些国家领导人的当务之急。不过,一座建在总统家乡的大教堂能否成为这个宗教与族裔分立国家的理想标志,这一点有待商榷。

独裁总统的冒险政策距离成功曾经只有一步之遥,但最终还是失败。科特迪瓦如今被视作该地区发展问题最棘手的国家之一,其衰落过程就是一部关于经济冲击、选举、枪炮、战争和军事政变的历史。厄运从经济遭受冲击开始,政府应对无方以致经济衰退、民怨沸腾;迫于形势举行选举,当选的新政府又被政变推翻;此后冲突升级酿成战祸,内战双方竞相扩充军备,国际社会不得不实施武器禁运,但并未能如愿遏止双方的武装冲突。在短短10年之间,科特迪瓦经历了这本书里描绘的所有事件。接下来,本章的内容很大程度上来自普林斯顿大学政治学家詹妮弗·维德娜(Jennifer Widner)的研究。

自独立以来,直到1980年之前,科特迪瓦曾经取得过辉煌的成就。乌弗埃-博瓦尼致力于用20世纪50年代的法国模式来打造一个经济强国——强有力的国家机器推动私有领域的增长。这个战略与当时盛行的社会主义模式形成鲜明的对比。的确,邻国加纳总统夸梅·恩克鲁玛(Kwame Nkrumah)与他打赌说,加纳走社会主义道路,在10年之内要把科特迪瓦远远地甩在后面。恩克鲁玛输了。20世纪70年代的加纳已经陷入经济和政治崩溃,他本人也被军事政变罢黜,而那时的科特迪瓦稳定和平、蒸蒸日上。

科特迪瓦发展战略的核心在于吸引移民来开垦荒地种植可可。在该政策鼓励下,来自资源匮乏的内陆国家布基纳法索(Burkina Faso)的移民如潮水般涌入科特迪瓦。到1980年,40%的劳动力都是移民。这个发展模式在政治上是行得通的,乌弗埃-博瓦尼给移民一些政治权利,赢得他们的拥戴。另一方面,通过对可可征收重税,科特迪瓦人也享受到好处。高税收保障公务员们的就业机会,这其中绝大部分是当地人。按理说，这种体系维持得越久就越稳定：移民群体人口众多，成为社会不可或缺的一部分。

既然乌弗埃-博瓦尼实行一党专政，那么他似乎应该能够长期维持这种有利局面，但是经济冲击打乱了他的战略规划。1980年，可可和咖啡的国际价格下跌，石油进口价格飙升，科特迪瓦面临经济危机，不得不求助于外债来缓解。截至1993年外债累积高达150亿美元。然而即使如此大肆举债，国民平均收入还是下降了三分之一，贫困率激增。

政治方面的问题更是雪上加霜。可可税曾被作为一种稳定价格的机制：价格是固定的，而且低于国际价格。而当可可价格一路下跌，固定的价格就成了麻烦：种植可可的移民不仅没有缴税，反而还在拿补贴！为了维持政治上的承诺，公务员体系继续扩张，加速了私有经济的崩盘。1980年，一半的城市劳动人口有正规工作，然而到1990年初，四分之三的人没有正式的工作，只能勉强糊口。城市贫民成为一股强大的政治力量。就业萎缩，收入下降，年轻男性劳动力被迫考虑务农谋生，但是最好的土地已经被移民占据。

到20世纪90年代初期，乌弗埃-博瓦尼早就过了任何一种合理的"保质期"：他年事已高，在总统的位置上已经坐了30多年。但是他仍然不肯放弃权力。为了保持大权在握，他把继任者的问题搞得扑朔迷离。1993年当他去世时，由于下一任总统如何产生的问题实在是一团乱麻，他竟然成为不可或缺的存在——各方势力明争暗夺，对乌弗埃-博瓦尼秘不发丧超过一周。因为没有清晰的规则，无论谁爬上宝座都会面对众人的虎视眈眈。为了获得支持，一些野心家不可避免地利用社会上针对移民的敌对情绪。事实上，每一任总统都会这么做。当时的经济已经非常困难，改革刻不容缓，但是任何收入都要用于还债。

政治形势经过一系列事件逐渐恶化。亨利·科南·贝迪埃（Henri Konan Bédié）当上总统，但是前总理阿拉萨内·瓦塔拉（Alassane Ouattara）在经济方面的资历更强。当时又有一波重大的经济冲击——西非共同货币贬值50%，使得收入分配重新洗牌。最大的输家是薪资缩水的公务员群体。因为公务员收入减少，依赖他们消费来挣钱糊口的个体户们也受到影响。本币贬值的最大赢家是出口商们——在科特迪瓦这些人是种植可可的移民。货币贬值带来的好处还包括援助经费的增长。援助占国民收入的比例从7%骤然攀升到20%，经济终于开始回升。所以，贝迪埃政府刚开始执政时机遇和风险并存。机遇在于经济状况好转，风险在于政局不稳，而且当时对移民的敌对情绪就是一个政治火药桶。促进经济复苏的政策却恰好激化了政治矛盾。

贝迪埃打败雄心勃勃的竞争对手、出身技术专家的瓦塔拉。遗憾的是，他们没能像英国的托尼·布莱尔和专家出身的政治对手——豁达的戈登·布朗一样和睦相处。4个月之后，瓦塔拉到国际货币基金组织（IMF）任职高管，远离科特迪瓦权力中心。因为瓦塔拉是北方人，而贝迪埃来自人口稠密的中部，于是贝迪埃决定利用身份政治（identity politics）的手段来打压对手。不过，第一位打出反移民牌的是小党派政客巴博，在他的家乡，可可种植园大部分都被移民占据。贝迪埃如法炮制，把执政党的政治立场扭转一百八十度。这个转变的一大好处是他可以把北方穆斯林背景的瓦塔拉说成移民，从而剥夺瓦塔拉的公民身份。为了确保成功，贝迪埃修改宪法，借此剥夺瓦塔拉在未来参选总统的资格。

当1995年的大选临近时局势已很明朗，反对派政治家之中只有瓦塔拉能够赢得较大比例的票数。巴博为了避免尴尬的失败，索性拒绝参选并说服瓦塔拉的政党和他一起抵制选举。两个反对党都组建民兵来执行抵制选举的行动——我们前面讲过,在选举期间搞暴力活动是反对党的策略。这么一来,贝迪埃当选,但是这场选举被普遍认为不公平。贝迪埃对身份认同的强调点燃火药桶。有政治倾向的媒体煽风点火,渲染两个群体之间不公平的事件,使得对移民群体的敌对情绪更加高涨。总统借机推进政策,从政府中清除了不少北方人。

经济紧缩和贝迪埃的身份政治引起军方的不满。在科特迪瓦强盛时期,军队规模小,待遇高。为了以防万一,军队被分割成几个分支:宪兵8000人,陆军6800人,总统护卫队1100人,海军900人,空军700人。在乌弗埃-博瓦尼当政期间也曾有过几次未遂的政变。1990年,军队为要求提高薪酬而哗变,并控制阿比让机场。一名叫盖伊的将军出面干预斡旋,妥善解决了此事,因此被晋升为总司令。

贝迪埃当上总统后,盖伊继续做总司令,但两人互不信任,因为很大部分士兵都不是来自支持贝迪埃的族群。盖伊还拒绝执行贝迪埃下达的逮捕瓦塔拉、镇压阿比让选举暴动的命令。贝迪埃因此忌惮军队也在情理之中。他面临的难题正如前文讲的——缩减军队,还是增加军费保平安?他的决定是缩减军队,但是要像香肠切片一样一点一点地来。首先,他撤了盖伊将军的职务,并裁减700名士兵。

至于远离权力中心的瓦塔拉,客观上来讲,他能罢黜贝迪埃最好的策略是,如果经济持续下滑而不得不进行改革,那时候国家经济的命运就握在国际货币基金组织手中,而瓦塔拉是领导国际货币基金组织的第三号人物。这其中存在尖锐的利益冲突。

经济改革导致的收入再分配对于移民群体极为有利,而当时社会上泛滥着针对移民的敌对情绪。政客们抓住机会打出反移民牌。为了削弱瓦塔拉的势力,贝迪埃的政治方针使得改革者们举步维艰。改革裹足不前使得援助机构倍感沮丧,国际货币基金组织、法国财政部和世界银行达成一致意见，认为瓦塔拉是解决问题的关键，于是援助经费被迅速削减。可以理解，科特迪瓦政府认为国际机构此举意在颠覆他们的政权。

记得1999年末，我曾经在科特迪瓦召开的一场主题为"良好的国家治理"（good governance）的会议上发言。发展援助机构们热衷于赞助这种超现实的活动。那场会议由总统贝迪埃主持，这与会议的主题真是极不协调。果然。没过多久，科特迪瓦的国家治理便在混乱的泥潭里越陷越深。

贝迪埃维持权力的一系列手段引发军事政变，把国家朝着内战又推一步。1999年平安夜，大约750名科特迪瓦士兵为讨薪而哗变。一批高级将领面见总统要求提高军队开支。总统一味敷衍，让他们下周再来谈。结果军官们当天晚些时候就回来罢免总统。我们无从得知盖伊将军是否从一开始就是幕后推手，还是为了解决棘手局势而中途介入。不管怎样，这位前将军控制局面，把军队哗变化解成一场兵不血刃的政变。盖伊承诺在6个月之内召开选举。

我们前面讲过，法国为非洲法语国家提供安全保证。在卢旺达之前，科特迪瓦一旦发生任何政变，法国都会出动部队平息。但这一次法国选择不干涉。盖伊做出持身中正的姿态，称这是外科手术式的打击，以此说服外界给他短暂的过渡期来处理局面。没想到从这个时候开始政治形势急转直下，最终导致内战爆发。

盖伊掌权之后，一切开始走向崩溃。他的确信守6个月内召开选举的承诺。但是当他一旦尝到权力的滋味，就迷上总统这个位子，意识到把宝座拱手相让是个错误。所以他决定参加选举。在盖伊看来，选举存在一个问题。虽然他知道自己才能过人，但缺乏大面积的选民支持。国家分裂成两派：支持瓦塔拉当总统的和支持贝迪埃复位的。不过好在贝迪埃曾经成功处理过这种难题，盖伊效仿先例，

第七章 科特迪瓦的衰落

剥夺瓦塔拉和贝迪埃两人的参选资格，此举获得由他一手委任的最高法院的支持。而最高法院摸到门道之后，又陆续淘汰了12名候选人。

假如盖伊将军参考尼日利亚总统阿巴查将军的例子，他也许就不会犯错。阿巴查在多党选举中领先，因为角逐大选的5个政党都把阿巴查推选为自家的候选人。遗憾的事，阿巴查在大选之前去世，没能在选举中自己与自己一争高下。盖伊的想象力不如阿巴查丰富，他觉得自己需要一个对手。他挑中洛朗·巴博，以为对方必输无疑，正好来为自己的获选正名。在这个问题上盖伊犯了独裁者的经典错误，他高估了人民对自己的爱戴。大多数人不屑于为这场虚伪的选举投票，但是在投票的人当中，绝大多数人都投给巴博。

一般来说即使是这种麻烦也不至于让现任总统下台，更别说一位手握军队的现任总统。召开选举的目的是用民主的神圣膏油来赋予在任者统治合法性，并不是真的要另选总统。果然，盖伊直接宣布当选并解散选举委员会。显然，我们应该把这看作另一场政变。

然而盖伊真正严重的失策并不是高估他的票数，而是高估他的兵力。盖伊上台后迅速转向排外政策，惹恼布基纳法索总统孔波雷（Compaoré），因此他资助巴博大规模扩张武装民兵队伍"青年爱国者"（Young Patriots）。对于盖伊强行上位的政变举动，巴博出动这群暴戾的年轻民兵去对抗军队。一般来说，一帮愤青对抗一支正规军基本上是以卵击石，但是盖伊的军队只是个点缀，这支军队规模很小，从来没想过要打仗也没有做好上战场的准备。更何况军方内部还产生分裂，事实上有一批军官已经在谋划推翻盖伊。对此，盖伊的反制措施大力削弱了原本已经被贝迪埃裁减的军队，结果在阿比让市中心的交火中民兵击溃政府军。民兵还攻击居住在首都的北方人，把遇害者的尸体抛入湖中。就这样，巴博凭借着一场非法选举和一场暴动走上权力的舞台。

在当时的情况下，其实应当重启选举。贝迪埃和瓦塔拉都提出这样的呼吁。但是与这两位大党派的候选人对阵，巴博肯定会输得一败涂地，所以他并无意搞什么公平选举。他利用他的党派与法国社会党政府的关系获得了法国的支持。当上总统之后，他能否在这个位子上长期坐下去取决于他能否避免下一次选举。而避免选举的办法就是让局势保持足够混乱，以至于无法进行选举。2001年，国际社会第一次介入试图调停科特迪瓦乱局，至今一共调停13次，没有一次成功。

盖伊在精心操纵的选举中，输给自己亲自挑选的对手。为了夺回权力，他只有一条路可以走。2002年9月，他带领几百号人马卷土重来，在阿比让、布瓦凯、科霍戈三个城市发动骚乱。在阿比让的政变失败了，他又一次在巷战交火中输给巴博的民兵。盖伊及家人被杀，其残部退守北方的布瓦凯和科霍戈。

在政变失败后的一周之内，一群被巴博驱逐的政客加入盖伊的旧部。他们迅速控制北方的城镇和中部地区，自称"新力量"（Forces Nouvelles，FN）武装部队。就这样，科特迪瓦发生第三次政变的失败引发叛乱，最终把国家推入内战的深渊。

在市区之外，有重型武器装备的正规军能轻而易举地击败民兵队，所以"新力量"武装部队迅速进军阿比让。此时总统巴博的选择余地很小。如果他与叛军正面交战，就会落得和盖伊一样的下场。如果他选择流亡，求助于国际社会，结果就是在国际社会监督下重启选举，他肯定赢不了。巴博的能力仅限于在阿比让发动暴力骚乱。这招管用吗？他可以指使他的街头流氓们多杀几个北方人，但这能解决什么问题？在阿比让，还有哪一群人的人身安全可以为他所用？让我们回想一下，在这些政变之前阿比让曾有"非洲巴黎"

的美称,这可不仅仅是个比喻:在阿比让居住的法国公民是非洲最多的。于是巴博把他们作为人质,要求法国出兵助他脱困。为了避免法国公民遭受屠杀,法军在三天之内就进驻阿比让保卫巴博政权。巴博就是这样自导自演了一场令人匪夷所思的大戏:他放任并教唆大批青年支持者攻击和杀害在阿比让的法国平民,与此同时法国军队为了保护他的政权与"新力量"对峙。

法军用"独角兽行动部队"(Operation Licorne)部署一道停火线,强迫"新力量"以他们刚打下的地界为起点后撤100公里。此举释放了很强的信号,让外界认为法国政府并非中立。当时在城市以外的地区,"新力量"原本要乘势南下迅速打败政府军,因为布基纳法索对他们的资助坚持不了太长时间。

国际社会在巴黎召开谈判,再次试图斡旋督促双方达成权力共享的协议。该协议规定在巴博之下成立联合政府,却把最重要的几个内阁职位给了"新力量"一方,比如国防部长的职位。这是为了保证叛军在停战协定后的安全。当这份协定送到总统巴博手里时,他对此不满并拒绝签字,于是和谈失败。事实上在整个过程中,巴博的言行无一不透露出他毫无议和的意愿。

巴博似乎意识到自己时来运转。虽然一开始在军事实力上不如"新力量",但他的经济来源更充足,所以他大量购买军火。于是联合国和区域组织西非国家经济共同体对科特迪瓦实施武器禁运,但并没能如愿制止双方购买枪支。武器从白俄罗斯和其他管理不严的国家流出,通过多哥进入科特迪瓦。巴博甚至建立了一支空军。羽翼丰满之后,巴博的部队违反巴黎协定,向北方发起攻击。法国维和部队曾经保护巴博的政权,现在却成了他北伐路上的绊脚石。所以他命令新成立的空军轰炸布瓦凯附近的法军基地,造成9名法国士兵死亡。法国采取报复行动,一举摧毁了巴博的空军。

冲突吸引了邻国虎视眈眈的捕食者。利比亚和塞拉利昂的雇佣兵大肆劫掠科特迪瓦平民，制造出了当时一些最血腥残酷的事件。除了主要的军队以外，还有至少9支非正规武装卷入——在当时的情况下，有组织的暴力活动层出不穷。冲突各方为了募集资金，拉入一批不择手段的企业、国家和领导人。西非国家中央银行在阿比让和科霍戈的分支先后被洗劫。资金也来自邻国——布基纳法索总统孔波雷和利比里亚总统泰勒（Charles Taylor）都慷慨解囊。此外，"新力量"还组建了一支"经济警察部队"守卫钻石矿场并兼管收税。

在这种情况下很难让双方停火和谈，因此法国军队部署封锁线，尽量控制冲突的规模，使其造成的损失不至于严重到必须强迫双方谈判的地步。由于冲突双方之间毫无互信，通常国际社会需要在和平谈判中承担重要责任。推动和谈的尝试之所以失败，是因为能被国际社会接受的和平协议必须规定召开公平自由的选举。但是这种选举的结果不是贝迪埃就是瓦塔拉，而两人目前都成了流亡者。更糟的是，在北方的"新力量"和南方的巴博看来，贝迪埃和瓦塔拉已经弥补嫌隙，结成共同的选举阵线，他们会在大选中合并为一个党。所以在南北双方的领导人眼中，接受国际社会的调停等同于失败。在这种情况下，国际社会唯一能够干预的办法就是等到巴博的总统任期结束。任期一过，巴博就不能再合法执政。国际社会借机强行解散巴博政府，并安排一位中立的技术官员担任总理一职。此举被巴博政府的某些成员描述为一场政变。很难想象要怎样才能打破这场僵局。

没想到，南北双方在没有国际社会调停的情况下居然自动和解。这是巴博和索罗两人之间的协议。巴博赶走外国安排的总理，改由反政府武装领导索罗担任。贝迪埃和瓦塔拉都被排除出局。巴博和索罗承诺如期召开选举,但是因为停火没有国际社会的介入,就不用担心被要求让淘汰的候选人参选,也没有人来监督选举是否自由公正。正如你已经知道的,在这种情况下现任领导人可以用一系列的手段来赢得选举,所以这么一来巴博和索罗不再担心和解等同于输掉大选。这个内部协定对双方都有利。援助经费可以得到恢复,科特迪瓦的海上石油也能顺利开采。政治博弈的这一步棋走得真是妙极。然而不到一个月,索罗差点在一场直升机事故中丧命。

科特迪瓦终于找回和平。但是持续整整 10 年的政变、战争和选举已经把国家毁坏得千疮百孔。科特迪瓦衰落后,塞内加尔取而代之,在非洲法语国家中处于领先地位。科特迪瓦的这场灾难到底有没有办法避免呢?是时候谈一谈解决办法了。

第三部分

改变现状：政府问责和安全防御

第八章

国家体制建设与民族国家建设

众所周知，美国总统小布什一开始反对美军参与阿富汗重建，但是后来又转变立场。我将会分析重建为何这么困难。当今世界上运转良好的国家都曾经走过漫长、痛苦而曲折的道路，最终塑造成为获得全体国民认同的国家。只有这样才能把社会凝聚在一起，动员全民统一行动，这对社会公共品的提供至关重要。在高收入国家，我们认为这些事情是理所当然的，以至于会忘记它们的重要性。从法律意义上来讲，一个国家（state）只需要获得其他国家的承认就算成立。最底层10亿人的国家就是这么产生的。但是因为它们还没有被塑造成为民族国家（nation），所以这些国家的公共品才会严重缺位。

绝大多数的现代国家都有过族裔多元的过去。现代国家疆界的形成，不是来自原始的民族团结，而是解答这样一个核心的安全问题：多大的领土面积最适合产生暴力垄断？把共同的民族起源与国家领土捆绑在一起的这种理论，追溯其出处，通常认为是19世纪浪漫的城市中产阶级民族主义者们幻想出来的。

　　国家的形成不是族群凝聚力的结果，而是由暴力的经济性质所决定的。我们现在知道，暴力不是建国的结果，恰恰相反，不以国家形式存在的社会往往暴力泛滥。暴力的制造取决于可用的技术。原始的狩猎采集社会极端残暴，因为当时的技术水平让人别无选择：靠狩猎采集生活的一群人要想战胜邻村另一群人，就得在黎明前率先发动袭击，在敌人还来不及拿起武器时擒获他们。如果有任何群体愚蠢到相信和平协定，那他们恐怕还来不及改变主意就被血洗。所以暴力是这些社会的本质特征：更准确地说，这些人应该被称为猎人、采集者和杀手。但是随着技术的发展，暴力的制造呈现出专业化趋势，并有了规模经济效应。这两个现象都使得暴力成为一件需要支付报酬的事情。

　　我们首先假设在一个没有政府的原始社会中，社会由许多情况相同的家庭构成。现在这个社会有一点差异。有的人更擅长生产劳动，有的人体格更强壮。请问在四种人当中，不擅生产但是身强体壮的人会如何谋生？他们会抢劫那些生产力高但是弱小的人。这些生产力低的壮汉放弃劳动、专事抢劫，变得越来越擅长于暴力。暴力也是一门技能。专门从事暴力的人就有一种优势。

　　在这个专业化的基础上，我们引入暴力的规模经济效应，换句话说，就是规模的重要性。在这一点上，暴力与众不同。规模的重要性，在其他经济领域都是直到工业革命后才能体现出来。在工业革命之前，1000人的农场中每个人的生产效率并不比一个人独自耕种的生产效率高；1000人的修鞋作坊人均劳动效率也不比一个独自经营的鞋匠劳动效率高。但是一支1000人的军队可以一个一个地杀掉1000个单枪匹马的武士，也就是说专业的暴力人士通常寡不敌众。当然，如果技术先进、筹划高明，也有以少胜多的例子，甚至还有以一敌众的孤胆英雄。虽说赢得赛跑的不一定总是跑得最快的那一个，但你总得把赌注压在跑得最快的人身上。

总而言之，组建或者加入一大群专业武士，在一片领土内部垄断暴力，你作为这个群体的一员会更安全。这就是一个很有力的诱因。但是安全并非唯一的顾虑：要有收入才能过日子。专门从事暴力的人放弃从事生产的机会。他们的收入从哪里来？黑手党成员都知道答案，一旦建立起暴力的垄断，就有权力向领地内的其他居民收取保护费。那么为什么居民们不逃跑呢？也许你的军队可以惩罚那些试图出逃的人，你可以把人民变成农奴。也许人民无处可逃，因为别处也有类似的军队，逃跑不过是刚出虎口又入狼窝罢了。又或许你在本地的暴力垄断保护人民不受外来侵略，所以收取报酬是正当的。因此，你这支军队无意之中在提供一种公共品：你已经变成了一个国家。

虽然为当地提供安全这种公共品不是你有意而为，你也逐渐意识到再多提供几种公共品对你有好处。其中一项就是鼓励你的人民相互交易。如果他们因此致富，向你缴税，你也会变得富有。所以你向他们提供强制执行契约的服务，毕竟你擅长强迫。你把这称作法庭，围绕着法庭又发展出一套法律系统。你可能也会发展一些促进贸易的基础设施，比如建设公路、桥梁和市场。你还可能——这需要相当的远见卓识——稍微限制一下自身的权力。你只需放弃一些权力，就能避免富人一味提防自保、拒绝投资。到这个程度，我们已经有一个国家机器，但仍然不算现代国家：公共品太有限，因为很多民众的利益都被忽略。

从一个运转良好但只为少数人的利益服务的国家，到一个为全体人民服务的国家，这最后的一步却又是一段漫长的征途。一旦被邻国包围，这些国家就构成主要威胁，不是你吞并它们，就是它们吞并你。于是各国穷兵黩武，提高税收，而且战争催生民族主义的思想——人民开始感受到一种共享的身份认同。当有效运转的国家制度促进经济发展时，哪怕是政治体制漏洞百出的国家也能发展得不错，再加上新产生的国民认同感，这些国家逐渐变得强大起来。我们之前说过，专制国家随着收入的提高，越来越容易发生政治暴力。具体说来，他们会越来越频繁地受到骚乱、游行示威和政治罢工的困扰。而国民认同感又会有助于人民进行集体抗议行动。在这种压力之下，国家上层集团的精英们不得不提供更好的公共品。为了保证这些改良成果能保持下去，上层精英们有限地扩大选举权：就这样，社会朝着现代民主国家的方向一点一点地进步。

以上就是简单而又有力的暴力经济学。为了把它应用于国家形成的真实历史当中，我们需要找到一个历史的起始点。在欧洲国家形成的过程中，我认为这个起始点自然是5世纪罗马帝国的衰落。这段历史与非洲在20世纪中叶的非殖民化过程有些基本的相似之处。非洲的非殖民化的发生非常突然，"非殖民化"的概念被首次提出得到重视之后，几乎在10年之内就完成了这个进程。与之最相似的例子，就是不列颠尼亚行省（Roman Britain）[1]脱离罗马帝国而独立的历史。

不列颠尼亚行省的非殖民化比非洲更事发突然。不列颠以高额的税收供养着罗马最大的军团，其规模相当于整个帝国军力的15%。无论谁是这支军团的指挥官，都有发动政变的可能。4世纪后期罗马帝国政治动荡，在25年之间就发生了两起不列颠的罗马

---

[1] 不列颠尼亚行省（拉丁语：Britannia；英语：Roman Britain），也称罗马不列颠，是指从43年至410年大不列颠岛被罗马帝国占领的范围，包括英格兰的大部分与威尔士。

——译注

第八章　国家体制建设与民族国家建设

军团指挥官试图称帝的事件。第一位指挥官于380年发起的政变失败。到403年，第二位志在称帝的指挥官为了增加胜算，调动整个军团奔赴罗马。尽管如此，他最终还是失败了。而这么一来，不列颠突然没了军队。由于罗马军团就是不列颠的政府，所以不列颠不但失去军队，连政府也突然消失。与不列颠在403年之后的历史比起来，非洲在独立之后可以说是非常成功的。没过几年，不列颠人居然请求罗马再回来统治他们。对他们来说，哪怕是苛捐杂税也比动荡不安和政府缺位要好。但此时罗马已经自顾不暇，所以不列颠只能自己解决问题。内战爆发，公共品彻底崩溃以至于城镇经济消失殆尽。人民背井离乡往南迁徙越过英吉利海峡，出于对故土的怀念，他们把新定居地命名为"布列塔尼"[1]。

　　这就是我们选取的历史起始点：罗马帝国衰落之后的混乱时代。不列颠以及欧洲其他地区历经几百年的乱世，群雄崛起，纷争不断，最后终于形成一个个小国。这些小国在各自领地之内能够维持一定的秩序，而邻国之间则相互提防。直到1555年，说德语的小国还有不下360个。随着时间变化，这些小国更关注外患而非内忧。为了抵御邻国的入侵，它们需要大规模的常备军队。而大规模的军费只能通过税收或者举债来筹措。收税总有个限度，如果超过人们愿意支付的额度，人们就会想方设法——比如贿赂收税官——逃避缴税。如果课税过于繁重，人们就会转而从事不便于收税的营生。

　　与收税相比，举债是个更危险的雷区。收税是强制性的，而举债需要人们自愿借钱给国家。就算人们愿意借钱，他们也会要求利息。如果利息很高，举债就变得不可持续，一旦军费不够，国家就

---

[1] 布列塔尼（Brittany），意为"小不列颠"，现在是法国的一个大区。——译注

要打败仗。

　　第一个发现如何通过税收和举债来保证可持续的军费供给的欧洲国家,是商业小国荷兰。这个小国的地形非常不利于防御。记得我们前面说过,山地易守难攻,是有利的防御地形。荷兰恰好是全世界山地面积最少的国家。更糟的是,荷兰的人民绝大多数都是城市有产者,没有打仗的传统。而荷兰人面对的威胁是战争机器哈布斯堡帝国。在这场近似于大卫和巨人歌利亚的对峙之中,荷兰这个"大卫"身处绝境,磨炼出赚钱的技能。即使如此,形势依然严峻,因为哈布斯堡帝国掌握着西班牙在美洲殖民地的金银矿。

　　为了抵御强敌,荷兰人发明政治问责制(political accountability)。要让公民心甘情愿地缴纳重税,政府必须对公民负责。当然,那时政府负责的对象不包括全体公民,仅限于纳税的有钱人。接下来,一个负责可信的国家政府能够借债,因为人民看到政府精打细算,相信其未来的偿付能力。哈布斯堡王朝发现美洲的金银不够花,也决定举债。但是没人强迫哈布斯堡王朝也实行政治问责。所以攻打荷兰的战争就变成一场利率的战争。利息计入本金再生利息,长此以往挥霍无度的借债人必然破产。所以胜利最终属于信用评级较好的国家。哈布斯堡王朝拥有辽阔的版图和西班牙美洲殖民地的金子作为担保,而荷兰只是一个实行政治问责的小国。复利的力量需要时间来验证,但荷兰能够以6%的利息借债,而哈布斯堡王朝不得不付出22%的利息,这是他们还能借债时候的情况。在战争结束前,哈布斯堡王朝就由于破产而被迫退出信贷市场。大卫就这样战胜了歌利亚。

　　其他国家逐渐地学到荷兰的经验。没有效仿荷兰模式的国家都被效仿荷兰的国家吞并。国家之间的战争有两个产物。其一是民族主义的兴起。19世纪浪漫的城市知识分子为了赋予民族主义一个合

第八章　国家体制建设与民族国家建设

理的解释，编造出共同的民族根源形成国家这种概念。于是国家之间的冲突就成了民族之间的冲突——共同的民族身份这个谬论是在战场上创造出来的。同仇敌忾的情绪加上同根同源的神话，使得一个国家的居民团结成为一个民族。这个结果的力量是非常强大的。它的好处在于把人民凝聚起来抗议示威，迫使政府为全民提供公共品。也许这是历史上第一次，人们为了全民的利益而团结一心、集体行动。民族主义的坏处在于它催生对别国的诋毁，例如在第一次世界大战期间，英国媒体给德国人冠上"匈奴"的绰号。

战争的另一个产物就是财政问责（fiscal accountability）的普及。政府必须对富人负责，否则就征不到足够的税，也借不到钱。但是那个阶段的国家距离现代自由国家（modern liberal state）还非常遥远。那时的国家既不是民主国家，税收也还没有用于社会支出。富人是19世纪中叶的统治阶层，他们只关注国家安全问题。那个年代直到今天，是那些被剥夺权利的人用坚持不懈的政治抗议推动着国家的进步。为了避免更不利的局面，富裕阶层被迫逐渐地扩大选举权的范围。这样一来他们就有了公信力，能够推进再分配改革，避免过于激烈以至于动摇经济的变局。改革一旦实行即不可逆转。国家就是这样缓慢地走向民主，在此过程中，政府的政策重心也缓慢地转向普通老百姓的诉求——除了国防之外，还提供卫生和教育等公共服务。国家逐渐发展成为为普通大众的利益服务的体制——现代自由民主制（modern liberal democracy）。

按照这样的分析，现代国家的发展历程是由暴力推动的。统治小国家的掠夺成性的暴君，一步一步地进化成为争取选票而千方百计讨好选民、承诺服务的现代政治家。沿着这样曲折崎岖的小路，现代国家最终演变成向全民提供公共服务的制度。

暴力的规模经济能够使得国家不断融合成为超级大国。世界上曾经多次上演一国军力控制辽阔领土的历史，例如罗马帝国、蒙古帝国、哈布斯堡王朝、大英帝国、法国、葡萄牙、俄罗斯和奥匈帝国。超级大国的形成过程往往是十分迅速的，因为技术让国家得以极速扩张。大草原上的蒙古人发明马镫，从而打下迄今为止幅员最广阔的内陆帝国。类似的军事扩张在19世纪也有发生。而领土扩张的速度，一旦超过建立统一的国民身份认同的速度，超级大国在试图建立国民认同感的时候就会面临异常棘手的问题。它们最终成为帝国，而不是民族国家。

民族国家的塑造取决于政治领导人的选择。他们的选择影响着帝国转变成民族国家的速度。罗马统治者赋予其治下的自由民公民权利，使得罗马帝国终于在几个世纪之后开始走向民族国家。与此相反，昏庸无能的海尔·塞拉西（Haile Selassie）醉心当皇帝，在10年之内把埃塞俄比亚和厄立特里亚联邦强行变成埃塞俄比亚帝国和厄立特里亚殖民地。但此举注定埋下祸根，因为帝国的时代早已过去。

帝国的时代骤然终止的原因很多。最重要的原因，可能是崛起的美国对帝国的坚决反对。第一次世界大战结束后，威尔逊总统在巴黎和会上支持民族自决，这个理念以当时的国际关系原则来看是革命性的。民族自决意味着，不再是民族身份不断变化以适应政治疆土边界，而是国土边界改变以适应现有的民族身份——就像某种游戏那样，音乐一停止，人们就奔向属于自己的座位。"民族自决"被写入《凡尔赛合约》而得以付诸实践，其中最引人注目的莫过于那些日后导致巴尔干战火重燃的国家独立。然而直到美国与英法在1956年苏伊士运河危机之际展开政治较量之后，民族自决才真正蔚然成风。在苏伊士运河危机之后，大英帝国迅速放弃对殖民地的统治，为法国和葡萄牙做出先例，使后者不得不效仿。最终民族自决

第八章　国家体制建设与民族国家建设

甚至瓦解了苏联帝国。总之，在20世纪后半叶，独立国家的数目大幅增加。

这一阶段国家形成的过程，与此前描述过的原始阶段的国家形成完全不同。除了极个别例外，新国家的成立并不是为了解决安全防御问题。常有人说新国家的边界是随意划定的。这种说法对殖民当局来说不太公平。要把众多族裔群体划分成为可管控的国家，他们面临的问题并不轻松。问题的核心在于，导致现代国家形成的两个流程一个也没有发生：既没有因为安全需要而出现的国家，在以军事控制划分的领土之内也没有基于想象的同根同源而创造出一个民族国家来。仅在非洲，就有2000多个不同语言的族群。如果每一个都独立建国的话，它们的领土和人口就太微不足道，不足以产生安全的规模经济——它们注定会内忧外患，不得安定。

所以，尽管殖民主义帝国解体之后产生的新国家都历史悠久，众多族裔对本族都忠心不二，但他们往往缺乏对国家的忠诚——人们首先效忠于自己的族群。我已经论述过，这种情况严重地阻碍了公共服务的提供。任何公共品，都是人们争相抢夺的对象。众多族裔谁在政治斗争中占上风，谁就能控制公有资源。解决这个问题的最有效途径，就是效仿民族国家建立的模式：逐渐化解族裔之别，用国民身份取而代之。

对于许多非洲人来说，族裔问题是个尴尬的话题。原因之一，就是族裔问题被视为历史的倒退、现代的对立面。随着现代化的进程，族裔之别一定会逐渐消弭。这是个令人欣慰的命题，但是太多的事实告诉我们，让人宽心并不代表命题成立。我们必须拿出证据。从非洲晴雨表最近在9个非洲国家做的民意问卷调查来看，现实不容乐观。这些问卷的结果表明，越是受过教育的人，越重视自己的族裔身份；当雇员的比传统务农的人有更强烈的族裔认同；经历过政治动员的人也是如此。所以教育、就业和选举竞争方面的社会发展非但没有淡化族裔多元性的分量，反而使其更加突出，也许这是因为族裔之间的政治竞争就是在现代经济（而非传统经济）中展开的。族裔政治的后果对于农民来说影响不大，但如果公共部门的职位优先给那些当权派的同族，那么教育和就业的发展确实使族裔身份越发重要。

然而，如果当年众多族群能够被划分成少数的几个大国，大到足够安全，那么他们就会面临着一个艰巨的任务——为广大民众塑造一个身份归属感，以维持国家有效运转。事实上，生活在非洲大陆上的2000多个族群被划分成54个国家。这到底是国家数目太少而导致族裔过于多元、难以治理，还是国家数目太多以至于无法产生安全的规模经济？

最底层10亿人的地区在非殖民化之后产生一批小国家，情况和罗马帝国衰落后并无二致，但之后的历史就不一样了。在很大程度上，最底层10亿人的国家的边界就此固定，因为来自邻国的威胁并不大，至少没有到担心被对方吞并的地步。在过去的50年间，我只想出两个国家合并的例子，都发生在1989年：东德驻北也门大使很不幸地成为独一无二的双料下岗员工。历史的主流与此相反，在本来就很小的国家之内通过民族自决再分裂出更小的国家，这样的事情广受承认。所以，尽管"力利浦特"们热衷于军备竞赛，但这些最底层10亿人的国家政府并没有卷入像19世纪欧洲各国之间发生的那种程度的国际战争。因此，国家对税收的需求也没有那么高。税收不高，自有援助资金来补贴——典型的最底层10亿人的国家，政府开销的三分之一依赖于发展援助。有限的军费开支加上高额援助资金，这样税收的压力比较轻，通常占GDP的12%。在如此低的税收之下，老百姓没有动力要求政府实行责任制。

第八章 国家体制建设与民族国家建设

我开始更深入地思考一个腐败的统治者会怎么看待税收。假如你是总统蒙博托，你会征收多重的税呢？我突然意识到，低税可能正是统治者刻意而为之。蒙博托显然很贪财，并且常常手头紧。蒙博托并没有聚敛起庞大的私产，他从国家搜刮的财富都用于奖赏众多的亲信。他敛财的最重要的手段，是让矿产资源开采企业出血。这些公司被榨干之后，他也没有动用增加税收的法子，而是大量印发钞票。这和总统穆加贝的政策如出一辙。

高通胀是一种回报很高的收税方式，而且其妙处在于人民意识不到这是一种税。实际上，通货膨胀是对持有货币征税。如果物价每个月翻一番——正如曾经的扎伊尔和目前的津巴布韦正在上演的那样——那么国家实际上在对人们手头持有的现金征收每个月50%的税。算一算国家得到什么吧。假如一个普通人每个月有收入进账，并且每个月均匀地花光工资。那么他平均下来持有的现金相当于两个星期的收入。所以，50%的通货膨胀就掠去了他一周的收入。这是每个月的情况，一年算下来相当于是25%的所得税。作为一种人们意识不到的税收来说，这还真不赖。那为什么高通胀并不常见呢？这是因为这种收入不能持久。人们总能找到与开销相比尽可能少持有货币的办法，比如一拿到钱就去抢购囤货。这就是为什么高通胀总是引发混乱并以悲剧结束。蒙博托和穆加贝总统都把其当作最后的手段。作为补充说明，我在书稿的最终修改中更新了津巴布韦通胀的数据——物价不再是每月翻番，而是每周翻一番。

为了避免引起人民的反抗，腐败的统治者可能慎用直接的税收。他们不想征税过重，以至于激发人民要求政府承担起相应的责任。如果最终要为全体人民的福利而花钱，那么收再多的税也是白费力气。如果你的拥趸们得到的好处不比其他任何人多，那么他们就没有理由再对你忠心不二。所以高额税收是以更大的政府责任为条件的。经济学家们喜欢把选择定义为以最大化为目标的决策问题：一家企业的目标也许是利润最大化，一个个体的目标也许是幸福最大化。的确，经济学就是凭着这简单粗暴的假设发展壮大的：如果人们真的是以最大化为目标，那么我们就能对他们的选择做出预测。关键是我们还能知道，在他们面临的条件发生变化的情况下，他们的选择会怎样变化。一般说来这类预测和现实差不太多，所以经济学家们还没有失业。

我意识到一个腐败政客的选择可以视为这样一个简单的决策问题：收多高的税可以让自己最大限度地贪污挪用公共资金？税率太低，没钱可贪；税率太高，财政倒是充裕了，但重税导致严格的监督，不方便贪污。在一个腐败领导人看来，最理想的税率可能是比较低的。我们用这个理论框架还可以推断，一个腐败领导人在位时，公共福利支出不会是零。虽然腐败领导人一分钱都不想花在公共福利上，对于他来说，与其把财政收入浪费在满足老百姓的需求上，不如拿去犒赏自己的党羽。但是领导人必须面对这个现实：能让自己最大化地挪用公款犒赏拥趸的那个税率，会引起纳税人在某种程度上监督政府。如果，假设在这种程度的监督之下，他可以挪用三分之一的税收，那么还有三分之二的财政收入可以用于正当的支出。税收总额比实际所需的数量要少，因为领导人刻意压低税率以免受到监督掣肘。这样一来，人民受到双重损失：他们只从三分之二的财政支出中获得福利，而且财政支出低于他们需要的水平。尽管他们仍然获得了一些公共服务，但这并不能证明统治者有为民谋福的善意。

我们在上文中对于问责制和民族认同感的嬗变做了简单阐述。运用这个理论可以基本解释为何最底层10亿人的国家在政治上会陷入停滞的困境。国家不能有效运转，一方面是因为国家运转良好

第八章　国家体制建设与民族国家建设

并不符合领导人的利益，另一方面也因为国民认同感的缺位会影响公共服务的供应。如果参考欧洲国家的发展经验，解决问题的办法就是需要更强劲的国家军事对抗。当国与国之间存在安全威胁时，它们就需要增加税收，从而迫使政府实行问责制。同时，这种情况也会催生出强烈的民族认同感。

然而我认为这种办法不可取。不过在排除这个办法之前，让我先讲讲支持它的证据。最底层 10 亿人的国家领导人中，乌干达总统穆塞韦尼（Museveni）治国有方。1986 年他上台时，国家可以说是一片废墟：在独立之后不到四分之一个世纪的时间内，乌干达就从和平繁荣陷入大规模暴力冲突和贫困之中。当时的乌干达确实很像不列颠在罗马军团撤离后的状况。坎帕拉（Kampala）和 5 世纪的伦敦一样，落得田园荒芜，荆棘丛生。穆塞韦尼总统力挽狂澜，使得这个资源匮乏的内陆国家变成非洲发展最快的经济体之一。在这片大陆的其他地方，领导者们大多热衷于为自己的亲信牟利和搞民粹主义，而穆塞韦尼总统一向更重视经济复苏。他是受到什么力量的驱使呢？作为一个领导人，他的雄心壮志究竟是什么？

我有幸认识穆塞韦尼总统，并且在了解他之后深感佩服敬重。他不仅是一个政治家，更是一位致力于改变东非和中非政治格局的军事领导人。为此他渴望建立一支强大的军队。他最看不起的人是前总统阿敏（Idi Amin）。阿敏不仅搞垮了乌干达的经济，还在坦桑尼亚军队入侵时一败涂地，耻辱地下台。我相信穆塞韦尼总统从中得出的一则教训是没有繁荣的经济就没有强大的军队。我认为这个信念是支持乌干达经济改革的基石。

他不仅重建经济，还让乌干达成为唯一真正成功控制艾滋病的非洲国家。他发动的"零放牧"（zero grazing）的宣传运动有效地说服了乌干达平民改变性行为习惯。海伦·艾普斯汀（Helen

Epstein)在她的《看不见的治愈》一书中对此做出了精彩的描述。然而,她的书里没有提到是什么让穆塞韦尼下定决心对抗艾滋病。穆塞韦尼一心要建立强大的军队,他和菲德尔·卡斯特罗商量,把他的军官们送到古巴去接受训练。到了古巴,军官们做了体检。古巴方面传回这一条消息:你知道你的军官们大多数 HIV 检测呈阳性,会死于艾滋病吗?我猜测乌干达对抗艾滋病的运动,正如他们的经济改革一样,在一定程度上是由穆塞韦尼总统的强军梦驱动的。

乌干达当然没有完全转型为一个问责制的政体,但这是一个国家运转的有效性得到改善的真实例子。另一个类似的例子,是 1994 年以后的卢旺达。保罗·卡加梅(Paul Kagame)政府,如同穆塞韦尼总统一样都出身反政府武装,目前都是非洲国家建设卓有成效的典型。穆塞韦尼和卡加梅联合侵占扎伊尔。蒙博托重用宠佞的腐败统治掏空国家,导致扎伊尔武装不堪一击。此后,穆塞韦尼和卡加梅产生嫌隙。他们都热衷于发展军队,于是就针对彼此大搞军备竞赛。我记得时任英国国际发展事务大臣的克莱尔·肖特(Clare Short)收到穆塞韦尼总统的来信,信中解释乌干达为了防范卡加梅的阴谋入侵而又一次上调军事预算。那封信让克莱尔恼怒不已。所以这就是两个心怀军事雄心而又彼此对抗的国家由此变得更加强大的例子。

然而,我不认为最底层 10 亿人的国家必须走欧洲的老路。就算这条路走得通,它的代价也太大了。欧洲曾经饱受战乱之苦,我不希望看到同样的悲剧发生在最底层 10 亿人的国家。现在的战争相比欧洲曾经经历的还要血腥。战争太过残酷。一定有一条更好的通向有效而负责的国家建设的道路。但是,因为一件事情比其他选择更有吸引力就相信它,我不希望犯这样的错误。自欺欺人的思考方式困扰了发展问题几十年。我们必须着眼于现实的世界,而非我

第八章 国家体制建设与民族国家建设

们期望中的世界。所以，尽管历史道路的沉重代价是希望存在更好的办法的理由，却不构成认为存在更好的办法的理由。

我稍后会给出我相信存在更好的办法的理由，但是暂且让我继续谈谈上文提到的代价巨大的模式，并且解释为何我认为历史老路是走不通的。如果我在"历史道路走不通"这一点上是正确的，但是在"存在更好的办法"这一点上是错的，那就意味着最底层 10 亿人的国家只能困在现状之中，没有一条道路可以通向负责又有效的国家体制。某些思虑周全的人就是这么说的。迈克尔·克莱门斯（Michael Clemens）在权威杂志《外交》上撰文称，最底层 10 亿人的国家在我们有生之年都不可能有什么起色。

那么，为什么历史的道路现在被封锁了呢？部分原因是国际战争和军事对抗的高昂代价导致这条道路在政治上是不现实的。无论是最底层 10 亿人的国家，还是国际社会，都不会允许这样的事情发生。但是，即使不考虑政治可行性，历史道路还是行不通。就算最底层 10 亿人的国家经历漫长的混战，它们也不会最终转型成为有效而负责的国家。关键的原因，在于这些国家的政府大多坐拥自然资源带来的巨额收入。这些国家在财政上类似于当年的哈布斯堡帝国。自然资源带来的收入可以长年维持高涨的军费开支，它们不需要依赖税收。最底层 10 亿人的国家之中军费开支最高的是安哥拉，其军费曾一度占 GDP 的 20%。然而它的政府对内并不征税，同时也是最底层 10 亿人的国家中最不关心民生疾苦的政府。

那么什么道路才行得通呢？坦桑尼亚总统尼雷尔推行的道路无疑是最好的——政府领导着力于树立国民认同感。令人惊讶的是，尼雷尔的成功并不是通过营造对邻国的敌对情绪实现的。相反，他同时强调泛非洲的归属感和坦桑尼亚国民的身份认同。

在极少数的国家里，族裔分化的政治过程可能走过了头，只能分裂成独立的几个国家。但是，这个解决办法会造成小国家的大量产生。以最近独立的科索沃为例，深处内陆，资源匮乏，国土狭小，时刻处在战争的威胁之下。附近的三个小地区也在模仿科索沃的先例，要求独立：20万人口的阿布哈兹（Abkhazia），7万人口并且地处内陆的南奥塞梯（South Ossetia），以及55万人口同样地处内陆的德涅斯特河沿岸（Transdniestra）。全世界范围内，目前要求独立的地区多达70个。与其中大多数相比，约克郡显得幅员辽阔。

如果无法塑造民族国家，那么还可以效仿加拿大和比利时。它们都是国民认同感较弱、族群认同感较强的发达国家。这两个国家由于缺乏强烈的统一的国民认同感，以至于常常摇摆在分裂的边缘。但它们都运转得非常好：加拿大排在人类发展指数（Human Development Index）的榜首，比利时是欧洲最富有的国家之一。这两个国家里的族群认同感如此强烈，但各族群又能够在一个单一的国家政体之下和谐共处，这要归功于坚实有力的问责制度——制衡机制保证联邦政府在各群体出现利益争端时立场中立。虽然不存在统一的归属感，国家照样有效运转，因为各群体相互提防，可以运用问责制度来防止自己的权利受到侵害。这样的国家也许不那么和睦融融，但却能有效运转。

但是问题来了，加拿大和比利时能成功，因为它们都有坚实的问责制。族群分化的社会都面临着提供公共服务的难题。这两个国家是如何克服这些问题建立起问责制度的呢？考虑它们相对于邻国的地理位置、文化亲缘以及领土大小等方面的因素，我认为最可行的解释是它们都效仿邻国的问责制。事实上，它们都"搭便车"复制邻国建立起来的制度，而这种制度在邻国已经成功塑造了强烈的国家认同感。而最底层10亿人的国家周边没有实行问责制的邻国。正因为周边没有可效仿的对象，内部又有族裔对立，这些国家才没能建立坚实的问责制度,无法转型成加拿大或比利时。在没有实行问责制或是塑造民族国家之前,引入选举制度从根本上就是错误的。在目前成熟的民主国家,这个顺序是反过来的——关键的是,问责制建立在实行选举之前。

在问责制缺位的情况下,选举竞争反而阻碍问责制的建立。国家分化会变得日益严重,在位者为了维持权力而施展各种手段,更不会实行问责制。除非最底层10亿人的国家能打造出民族国家来,否则它们只能指望奇迹出现为它们送来问责制。但是这个奇迹从何而来呢?

第九章

宁死不吃救济粮？

现在就让我们来见证这个奇迹。其关键在于，对于最底层10亿人的国家，国际社会只需要施加很小的一点干预，就能够发动这些国家内部的政治暴力所拥有的强大力量，并且用这股力量来推动公义而不是造成破坏。从这个意义上来讲，这些国家需要积极的国际行动的空间是非常非常有限的。

即使是最低限度的国际干预也需要理由，所以我先从国际社会对关键公共品的供应着手。我会把重点放在两种毋庸置疑最重要的公共品上——问责制和安全。当然，需要国际社会提供的公共品并不仅限于此。问责制和安全是至关重要的，没有它们，国将不国。到目前为止，最底层10亿人的地区单个的国家还不能提供这两样，而且单从本国内部很难解决问责制和安全问题。这些国家里，为了这个理想而奋斗的英雄们值得支持，但是我们应当更关注这两种公共品的国际供应。我将在本章中论述，只需很小的国际干预就可以帮助一个国家跳出这种困境。而一旦跳出困境，一个国家自身内部就有能力并且应当取代国际干预，毕竟在问责制和安全方面的国际援助只是阶段性的。

最底层10亿人的国家这些公共品的提供，不应该靠本国政府，而需要国际社会。其中有两个不同的原因。首先，到目前为止，本国自主供应尚不可行。如你所见，这些国家通常四分五裂，无法团结起来实现必要的一致行动。更深层次的原因在于，这些国家太小，许多作为公共品所需基础的外部性无法实现内部化，它们都溢出到邻国去了。的确如此，对于公共品的供应来说，国家规模看的是经济而不是人口，所以一个典型的最底层10亿人的国家规模比它看上去要小得多。卢森堡这个小得可笑的欧洲国家，国民收入是最底层10亿人的国家平均水平的4倍。世界上大多数国家内部的公共品，对于最底层10亿人的国家来说是区域性的。一项在印度本国内部就能提供的公共服务，对于西非或者中亚来说，就得覆盖这一区域的众多小国才可行。

因为体量太小而达不到规模经济的公共品中，最关键的就是安全。目前高收入国家都经历过达尔文进化过程，通过暴力的竞争最后形成大到足够提供安全的国家。随着经济发展，其中大部分国家的规模也大到足够在民族国家（nation-state）的程度上提供类别广泛的公共服务。与之相反，最底层10亿人的国家大多数小到不能行使国家职能。国家太小带来的问题，比国家太大的问题还要严重。如果一片大陆被分割为众多国家，每一国都很小，以至于无法内化关键的外部性，那么最重要的公共品就会缺失。甚至包括最基本的，例如发电、公路和铁路，这样的公共品在诸多小国的地区不可能在一国内部独立供应，而需要区域性的覆盖。曾经的殖民帝国在基础设施方面的决策，比独立后的各国政府要高明，其中一个原因就是殖民帝国的疆域辽阔。非洲至今还依赖着它们逐渐消逝的殖民时期

第九章 宁死不吃救济粮？

的遗产呢。

讲得具体一点，非洲中部的地理条件非常适合水力发电：辽阔的中部地势高，降雨多，雨水汇入刚果河。刚果河奔腾而下，西流入海，水力发电的潜力可满足非洲绝大部分的电力需求，而相关工程计划也进行几十年了。然而这项工程一直没有进展，因为刚果民主共和国自身用不了这么多电，其他国家又不愿意受制于刚果总统，或者说受制于任何一个供电线路途经国的总统。就这样，这些总统牢牢攥紧自己的国家主权，任凭整片大陆电力短缺。广袤的非洲大陆也很适合铁道交通。现有铁路很多是当年殖民国家铺设的。可是，在今天的非洲试试坐火车吧，如今急缺火车车辆。筹资购买火车并非难事，在世上别的地方，一家铁道公司可以把火车车辆本身作为抵押来贷款，就像我们贷款买私家车一样。但在非洲就行不通，火车不能作为抵押物，因为它能从一个国家边境开出去逃入别的国家。邻国之间在执法领域的相互协作少得可怜，所以只要出了一国的边境，就可以逍遥法外，好比逃到火星一样。

综上所述，在涉及公共品的方面，国家小是不利的。国家小，就人为地限制了国家提供公共品带来的好处，而这又会加剧供应的短缺：回报越低，提供公共品的动机越小。

对于最底层10亿人的国家来说，一个可能的解决方案是，国与国之间相互协作，共同提供那些单凭一国之力无法提供的公共服务。在那些区域性的公共品方面，诸国确实有合作的动机。由于区域合作对国家主权来说算是最小的挑战，所以只要行得通，国际社会对于问责制和安全的提供就应当在区域合作的层面上进行。那么，这是否可行呢？

与其他国家相比，最底层10亿人的国家根本没有能力在单一国家的层面上提供关键的公共品。所以人们推测它们应该比其他国家更依赖国际合作。毕竟它们能够从国际合作中得到的利益要远高于那些规模更大的、种族构成更单一的高收入国家。在高收入国家中，这个道理是显而易见的：对联合主权最不感兴趣的两个国家就是两个很大的经济体——美国和日本。在国际协作方面，最积极的是欧洲共同体总部所在国——种族多元的小国比利时。我差点忘了，卢森堡也同样热情高涨。而在苏联解体之后诞生的诸多国家之中，那些小国家排着队地盼着把自己的主权融入欧盟，但是俄罗斯就没兴趣凑这个热闹。

我们刚才展示了不同国家对国际合作的积极程度方面存在的可以理解的差别。在过去的半个世纪，发达国家陆陆续续地摸到了如何协作的窍门。逐渐地，只要存在明显的好处，就可以把主权联合起来。联合主权最戏剧性的例子发生得更早——美利坚合众国原本各州分别拥有的主权凝聚为联邦主权。美国50个州，几乎每个州的经济规模都比一个典型的最底层10亿人的国家大得多，这些州已经学会如何协作。另一个极富戏剧性的例子是欧洲共同体——27个国家共享部分主权，只不过其程度比美国要低很多。在另一个层面之下，经合组织由30个高收入国家组成，在协作深化国家治理方面已经有长期的经验。

可惜的是，高收入国家之间共享主权的这种协作模式，在其他国家，甚至中等收入国家里也找不到类似的例子。亚洲海啸之所以造成如此严重的损失，就是因为印度洋沿岸的国家没能建立起一套国际协作的地震预警系统。而在最底层10亿人的国家，国际协作的缺失就更严重。这些国家加入许多区域性的组织，但这些组织并不能有效地把成员国凝聚为一体，只不过是装点门面罢了。

且让我们来看看欧洲最大国家德国和非洲最小国家之一布隆迪

的对比。两个国家都有诸多历史问题,对邻国都造成过威胁。但是如今它们各自所拥有的主权程度大不相同。一个国家没有自己的货币,不能控制本国的利率,不能决定自己的贸易政策,预算赤字也受到国际规则的限制,本国法庭做出的判定可以被邻国法庭驳回,还不能防止外国公司吞并本国企业。另一个国家对于上述方面拥有完全的主权。前者是德国,然而德国经济是布隆迪经济规模的3200倍。如果我们要把外部性内部化,布隆迪就应该与邻国建立比德国更深层次的主权共享。一般来说,相比大国,小国之间需要共享更多方面的主权。所有人——美国人除外——都为美国常常拒绝共享主权而感到沮丧,但是作为世界第一大经济体,美国最不需要做这样的事情。因为它已经在本国内部建立各州联合主权的机制,将广泛的外部性实现内部化。真正的矛盾在于,最底层10亿人的国家明明能够从共享主权中获得最大的利益,却是最少在这方面付诸行动的。

让我们暂时回到最底层10亿人的各个国家彼此之间产生的外部性上来。有时,这些外部性是相互的,所以两国之间合作就能共赢。通过区域合作就能很容易地提供这种公共品。如果每个人都受益,就算过去没有什么成功的先例,合作也应该是可行的。但问题是,往往这些外部性不是互惠的。相当常见的情况是,两国之间没有合作,一个国家深受负外部性的损害,而另一个国家能从中得到一点点好处。整晚放着音乐对我通宵写作有点帮助,但是我的家人就没法睡觉。一家人很容易内化这种外部性——我安静写作就解决问题。但是如果肯尼亚能整修通往乌干达的道路,并且保证道路开放,这样能极大地帮助深锁内陆的乌干达,但是肯尼亚为此得花一点钱,还需要做一些政治妥协。这种公共品的提供就不太容易达成合作。原则上,经济学对这类情况有个解决办法:乌干达政府应当向肯尼亚政府支付足够的资金，使得合作对于两国都有利。但是这种事情并没有发生，也不会发生——乌干达通往海岸线的道路自肯尼亚独立以来就没畅通过。我们再看几内亚发现新铁矿的例子。谢天谢地，一条殖民时期的铁路正好把矿区和附近的港口布坎南（Buchanan）连接起来。但不幸的是，布坎南属于利比里亚。所以几内亚得修一条新铁路，建一座新港口。这条新的铁道要绕更远的路，但是全程都在几内亚境内。这个铁矿的成本是60亿美元，其中一半以上都花在这个交通设施上——这部分额外的成本相当于利比里亚全国的收入。对于这类没有互惠的外部性，区域合作是不可能的，要实现内部化只有一个选择，就是更高层次的国际合作。

这绝对不是区域合作面临的唯一挑战。另一个缺失的公共品是问责制。非洲国家如今的确在非洲同行审议机制（African Peer Review Mechanism）的框架内合作，进行一定程度的相互监督。这是一项新的机制，其中政府自愿接受他国政府的评议。对此我强烈支持。然而，至今非洲国家政府没有拿出愿意接受批评的诚意来。事实上这项机制正面临着巨大的困难。如果在这个框架之内，没有一个国家的政府对国内实行问责制，那么它们组成一个提供区域性问责制的俱乐部，就面临着两大难题——合法性（legitimacy）和激励（incentives）。合法性的难题在于受到批评的政府可以反过来，振振有词地指责对方说："你这是锅嫌壶黑，五十步笑百步！"

这里存在一个激励的问题。国与国之间的合作很大程度上意味着政府间合作。不过，本身不实行问责制的政府何苦要互相合作、彼此束缚呢？哪怕某些政府目光足够长远，能看到这种束缚带来的利益，这种合作的通道往往也会被几个顽固不化的成员国堵死。就拿不久之前津巴布韦问责制的崩溃来说。如果说一个国家需要邻国来援助巩固其问责制的话，彼时的津巴布韦就是一个例子。2007

第九章 宁死不吃救济粮？

年,邻国赞比亚总统姆瓦纳瓦萨的确尝试在与非洲南部国家总统的会面中引起各方对津巴布韦乱局的关注。数百万津巴布韦人成为难民,因此不难理解赞比亚总统对此事的关切。但是,总统姆瓦纳瓦萨争取到的支持者寥寥无几。事实上,为了避免引起尴尬,原本准备在该会议上公布的经济情况比较报告压根就没有拿出来展示。穆加贝在会议中途愤然离席,好像别国对津巴布韦表示关切于他构成冒犯——他就乐意搞垮自己的国家,不行吗？事实上,非洲国家总统们大多站在总统穆加贝一方,对他不仅没有批评,反而推举津巴布韦作为联合国人权委员会（United Nations Human Rights Committee）的主席。更离谱的是,当穆加贝试图进口一大船武器时,正赶上南非码头工人罢工才阻止此事。穆加贝买这批枪弹,不是为了镇压反对派,就是用来威慑邻国。如果不是这批码头工人让他没得逞,邻国政府也只会袖手旁观罢了。

最后一个问题是,领导力不仅在多种族凝聚为一个民族国家的过程中起着重要作用,还是激励多国采取有效一致行动方面不可或缺的因素。欧盟的诞生不是巧合,而是因为励精图治的领导者们看到,为了国家的长远利益应当共享一部分主权。所以,最底层10亿人的国家领导者们有责任在其参与的政治联盟之中合作。近年来在他们当中,少有既目光长远又具备很强的个人影响力的地区领袖人物。非洲上一次有这样的领袖还是在独立后早期,加纳总统恩克鲁玛和坦桑尼亚总统尼雷尔力推泛非主义（Pan-Africanism）。当时的泛非主义是时代的产物,号召非洲国家团结起来对抗西方世界。但是,泛非主义失败的主要原因,不在于其理念内容,而在于无论为了何种目标把这么多个国家团结起来都实在是太难了。

如果主权国家太小,而这些国家之间区域合作难度太大,一个极端的办法就是把它们联合起来组成几个较大的国家。这是当年美国建国时的选择。非洲殖民时代后期,也短暂地尝试过这种体制。合并国家的一个显然的障碍是有些职位会变得冗余,而正如所有即将变成冗余的员工一样,这些人会反对。如果两国合并,就只需要一位总统,一套部长,一支军队。也许这就是少有国家合并的原因。

虽然也许是政府高官对俸禄职位的私心阻碍着国家合并,但是我们还有一个更深层次的疑问:小国的弱点关键在于无法在安全方面收获规模经济效应,那么通过国家合并,这个弱点到底会减轻还是加重?遗憾的是,我们回想一下,国家增大在安全方面会导致两个相反的影响。规模更大当然有好处,但是只要国家凝聚力因为合并而下降,就意味着更大的风险。但是国家合并真的会加剧社会凝聚力缺失的问题吗?殖民地国境线本来是随意划定的,一道道直线把土著群落分隔两边,所以某些合并可能并不意味着更多的族群。即使合并过后族群数量增加,也许国家安全方面的规模优势也能抵消更大的多元性带来的风险。

这是个可以研究的问题。牛津大学的瑞典研究生克里斯蒂安·维格斯特朗（Christian Wigstrom）对此产生了兴趣,于是我们决定试一试。我们打算模拟非殖民化的过程,想象如果非洲大陆上产生的国家比现实中少会是什么结果。我们没有划定新的国家疆域,而是逐渐地把原有的国境线擦掉。先是把非洲国家一对儿一对儿地合并,一直这么合并下去,直到我们圆了在政治上统一撒哈拉以南的非洲的梦想。你可以认为我们这么做社会科学研究是丧心病狂,竟然试图对国家扮演上帝的角色。你也可以认为这种思路有利于鼓励非洲内部的政治力量打破殖民时期强加给他们的支离破碎的版图,从而获得更大程度的统一。

建立模型最激动人心的成果之一,就是研究者可以模拟不同的可能性。我们必须确立一个原则来指导国家合并的顺序。例如，肯尼亚应该先和乌干达还是和坦桑尼亚合并？我们决定这个指导标准是合并后国家的风险最小化。所以，我们要找出族裔成分相近的国家。这个模型实际上是族裔成分最近的国家之间的虚拟结合。在这个过程中，我们发现，因为前殖民帝国的边境线往往从同一族群的村落中穿过，有时可以把小国合并为大国而不增加族群数量。根据我们的分析，这种合并后的国家会更安全，它们能够享受到规模经济效应的好处，而无需担心更大的多元性带来的麻烦。我们还发现，新国家的边境线的走向，似乎是在规模与多元性之间权衡利弊的结果。在族裔特别多元的地区，国家也特别小。正是这些又小又多元的国家面临着最大的内部安全问题。当虚拟的合并国家逐渐确定时，我们接下来的工作就是用我和安珂、多米尼克一同搭建的模型来估计它们的暴力冲突风险。至少，在一定程度上我们可以大致回答这个问题：从安全的角度来看，非殖民化在形成国家的决策上犯了多大的错误。

我们这项离经叛道的研究仍在进行当中，但目前看来，非洲众多的族群本来可以合并成 7 个大国，而且每个国家的族裔多元性并不会有显著的增加。根据我们的研究，七国鼎立的非洲大陆会比现在的非洲安全得多。然而，把 7 个国家合为一体形成一个非洲合众国（United States of Africa），又会因为族裔多元性的增加而风险陡增，代价过高。所以，也许非洲团结一体的目标，最好通过强化亚地区组织的形式来实现。

既然最底层 10 亿人的主权国家之间合作很难，合并国家这种激进的方案又不可行，剩下唯一的选择就是在比地区更高的层面上进行国际合作来提供缺失的公共品。那些因为不讲规则的选举竞争而深受损害的国家急需问责制，而问责制只能从别处来。更确切地说，由于合法性和激励的问题，问责制的提供方必须由本身已经建立有效问责制的国家组成。我们又撞上了国家主权的砖墙，这道墙还被把津巴布韦选为人权委员会主席的那种思维加固过。

人们一向认为，最底层10亿人的国家政府在国际上没有力量。它们认为自己是与他们作对的现有国际体系的受害者。在获得反殖民斗争的胜利之后，它们觉得自己仍然受到列强的凌辱。我认为这种"受害者—恶霸"（victim-bully）的描绘非常混淆视听、误国误民。它掩盖了一个完全不同的现实：最底层10亿人的国家的政府不是没有主权，而是拥有太多的主权。有这么一批读者，我最希望他们能看到《战争、枪炮与选票》这本书。在他们厌弃本书之前，请让我强调，我不是殖民主义的辩护人，我也绝对不希望以任何形式恢复殖民主义。我想解决的问题，首先是最底层10亿人的国家它们自己的问题。

最底层10亿人的国家很大程度上是美国的反例。美国是在移民潮中由各族裔迅速组成的国家。虽然立国时间不长，但作为一个民族国家的资历已经很老。美国人共享的不仅是同一个民族国家认同，还有对于政府权力的警惕。他们共同建立并维护一件公共品——权力制衡机制，所以政府是高度透明的。美国也是热衷扩张的，所以才有了今天巨大的版图以及国家安全的规模经济效应。最底层10亿人的国家历史悠久，但是它们现在的国家很年轻。这些国家往往太小，无法获得安全的规模经济，力不从心地维持着国内的稳定。也因为它们建国时间不长，很难打造出强有力的民族国家认同，不足以抗衡古老的族裔和宗教认同。所以，这些国家虽然对安全来说太小，对公共品所需的社会凝聚力来说又显得太大。结果一定是公共品短缺。

我们已经讲过，缺失的公共品之一是政府问责制。与美国相反，最底层10亿人的国家不受任何权力制衡机制的约束。如果最底层10亿人的国家本身不能提供这种公共品，那么由国际社会来提供总比完全没有强。这个道理和疟疾疫苗——另一样价值巨大的公共品——的供应是一样的。最底层10亿人的国家没有一个有能力战胜困难，提供这种公共品，那么我们自然就把目光投向国际社会，期待国际行动来填补这个空白。对一个地区有利的公共品有时最好是来自本地区之外。提供缺失的权力制衡和提供疟疾疫苗的区别在于国家主权。由国际公共资金支持的疟疾疫苗对国家主权不构成威胁，而由国际行动建立的权力制衡体系就不同。

殖民历史最经久不衰的遗产，就是对国家主权这个概念过度的尊重。这种对主权的过度强调，既存在于最底层10亿人国家本国内部，也存在于那些关心它们命运的人们心中。这种发誓"绝对不再"的情感阻碍严肃的思考。事实上，典型的最底层10亿人的国家并不存在国家主权（national sovereignty）。它们得先成为一个国家（nation），而不仅仅是一个政权国家（state）。它们缺乏必要的凝聚力，既不能规范监督选举程序，也无法约束当选人上台后的权力。所以它们的主权是总统的主权（presidential sovereignty）。怪不得总统们妒忌国家主权呢，他们在妒忌自己的权力啊。因此，为了问责制、为了国家安全、为了更好地提供那些更基本的公共品而进行努力，必须审视关于国家主权的执念，看清国家主权真实的内涵。靠国际社会来满足这些方面的需求不丢人：靠国际社会来满足这些需求，总比完全没有满足好得多。

国际社会对问责制的提供，面临的一个标准的反对理由就是"公平"。凭什么有些国家得遵守国际法，而别的国家可以不受约束？具体地说，如果美国不遵守国际法，东帝汶为什么要遵守？这种情绪是可以理解的，但它本质上是错误的：这种观念也阻碍严肃深刻的思考。所以我们接下来就讨论这个问题。

我的确希望看到美国对国际准则给予更大的支持：毕竟有一些全球公共品对美国是有利的，而且美国也无法凭一己之力提供。但是很显然，从根本上来讲，美国人对遵守国际规则的需求比较小。他们已经约束了自己的政府，保障了自身的国家安全，并且享有广泛的其他公共服务。与之相反，东帝汶的人民依赖于国际法，因为他们生活在一片无法在国家层面上满足这些需求的土地上——如今数以千计的人因为彼此之间的恐惧而蜷缩在难民营中。东帝汶的人民可以像美国人一样，从全球公共品中获益，但是他们可以从遵守国际法中获得更多的好处。主权并不是用来展示总统们的硬汉气概，好让他们在国际舞台上昂首阔步的；主权是政府构建当中的一部分：其标准是人民的需求。这些国家的政治精英罔顾大众的需求，过度追求主权，以至于宣称"宁死不吃救济粮"（Better dead than fed）。这句口号听上去多么的高尚，直到你意识到忍饥挨饿的从来都不是这些政治精英。目前，当我对本书书稿做最后的修改时，这句话已经变成现实——总统穆加贝无视全国饥荒，拒绝接受粮食援助。

东帝汶对强有力的国际法则的需求，很可能只是暂时的。一旦这些规则成功地为东帝汶人民建立起他们现在所匮乏的问责制和国家安全，社会和经济就能够向前发展。这时候，局势也会朝着好的方向走。在族裔多元的国家，只要那些赢得选举的旁门左道都被规则堵死，民主制度就能带来快速的发展。另外我们前面说过，一个国家的人均收入超过2700美元时，实行民主制度就能更安全。时间一长，由国际社会施加的权力制约制度就能在一国内部稳固确立。如同开了政变的先例就会有更多的政变一样，依法治国的经验多了就会形成遵守法纪的文化。

第九章 宁死不吃救济粮?

非殖民地化运动的目标,是建立一个由自主而平等的国家组成的世界。这个目标是正确的。理想的情况是,一个国家无须国际社会的介入就能够独立地提供尽可能多的公共品。这就是所谓的辅助性原则(the principle of subsidiarity):主权应当下放到需要行使该权力的最底层面。人口规模很小的国家,只要能达到高水平的收入,就能运转良好——它们的经济规模可以很大,并且它们学会了与邻国合作来避免因为国家小造成的高成本。卢森堡是欧洲最富裕的国家,可以为最底层 10 亿人的国家——哪怕是最小的国家——提供一种模式。然而这些国家一夜之间从殖民帝国独立出来,开国总统们大权在握,这些新成立的族裔多元的小国虽然怀着美好的理想,却走了错误的道路。正因为如此,许多小国家陷入既没有问责制也维持不了稳定安全的困境。那么,这些国家要真正实现理想,就需要在一段时期内由国际社会来提供这两种关键的公共品。

接下来我主要谈对问责制的需求。要打破僵局,就得在一段时期内由国际社会来提供问责制度。这个办法现实吗?国家社会和任何社会一样,也会运转不灵、功能失调,而且国际社会的核心价值和这些国家在位者的冷酷无情格格不入。本书中的关键策略,是要运用一种真正能够约束他们的力量。要想让一个政府负责任,必须具备两个关键条件:一是要有制度来决定如何获得权力;二是获得权力之后,要有制度规范如何使用权力来支配公共财政。那么,国际社会怎样才能为这些国家带来有效的制度规范呢?

建议一:让暴力为民主所用

通向权力的合法途径,是自由而公正的选举。2007 年,肯尼亚大选告诉我们,最底层 10 亿人的国家自身没有能力制约竞选中的舞弊行为。肯尼亚一向被视作非洲最先进的国家。肯尼亚尚且做不到，更不用说其他国家。因此，这种制约机制只能由国际社会来提供。问题是国际社会具体应当怎么做。

很显然，国际社会不可能把民主的标准强加于一个不情愿实行这种标准的国家政府。这就是核心价值观的分歧，并且这个问题无法改变。对于援助国的政府来说，这是目前让它们倍感受挫的难题。无论肯尼亚政府在赢得选举之后表现得有多差，好歹它们举行了选举啊，这总比最底层10亿人的其他国家政府强得多吧。于是，当援助国还在源源不断地向其他国家提供援助的时候，它们很难中断对肯尼亚的援助项目。这是可以理解的，援助国觉得不应当持双重标准，即对肯尼亚采用相较其他国家更严格的标准。但是，双重标准恰恰是必须的。以下就是怎么推行双重标准。

办法一：

这是理想主义者可能提出的建议，即建立一套规范选举行为的国际准则，由国家自愿遵守，并向遵守准则的国家承诺丰厚的回报。政府们可以选择在这个准则协议上签字立约，以获取回报。一个政府一旦签字，就要接受监督，并且获得与其他国家不同的奖励或惩罚。

亲爱的读者，我能听到你说："好主意。我们可以谈下一个问题。哦，对了，顺便问一句，你刚才说的这个奖励是什么呢？"

办法二：

一个有效的建议，其核心就在于设计这个奖励。为了起到作用，这个奖励需要足够诱人，但首先它得足够可信。当我跟这个领域一位博识年长的专家讨论我的想法时，他打断我说："别拿援助当奖励。几十年来援助国都没能坚持它们提出的条件，靠援助来施压这种办法已经没人当一回事。"他说得对，这个奖励不是援助，而是安全。国际社会要提供一套指导体系，把军事政变这枚导弹变为约束恶政的有效武器。

国际社会的核心成员需要共同做出承诺，只要一国政府保证在选举中遵守国际标准，那么如果该政府被政变推翻，国际社会一定会帮助其重新掌权，在必要情况下可以采取军事干预。这个奖励是无法忽视的。我们之前讲过，总统们面临的政变风险比他们在选举中面临的风险要高得多，而且民主制度也不能保证制度自身稳固。近年来在非洲发生了超过 8 起成功的政变，而现任政府在选举中下台的事件寥寥无几。但是，你将会看到，这个奖励的关键在于，它同时也是一个有力的惩罚机制。这个"胡萝卜加大棒"或许力量强大，但它是否足够可信呢？

现代经济学能很好地帮助我们思考这个问题：以保护政府不受政变威胁来鼓励它们接受国际标准，这个办法可行吗？我们可以用一个博弈树（game tree）来分析。通过博弈树来整理思路没什么特别，不过是反复提这个问题而已——"如果我这么做，对方会怎么应对？"经济学为我们提供的启发是，虽然你一开始得列出一系列的"接下来会发生什么"，解决问题的办法是把这个顺序反过来，从最后一步的决定开始往回看。

那么接下来，让我先整理这个民主选举的自愿标准的博弈树。它有很多分支，但是要让这个标准可行，我得重点讨论其中最关键的一个分支。

第一步：

国际社会公布一套选举规范的自愿标准，是否遵守完全自愿，但是那些愿意改善自身民主制度的可信度的政府可以选择遵守这套标准。如果一个政府保证遵守标准，那么国际社会也对其保证，帮助它挫败任何政变，在必要情况下可出动军事力量。

第二步：

最底层10亿人的政府决定是否签字立约。若它不愿遵守这套标准，就到此为止。

第三步：

如果这家政府决定遵守标准，那么有几种可能。最重要的一种可能是，如果它在选举中发现自己要失败，它将会怎么做？在那时这家政府必须选择，要么按照约定遵守国际标准，要么违背承诺，在选举中做手脚。

第四步：

如果该政府决定违背承诺，那么轮到国际社会来抉择了。国际社会必须决定如何应对。它可以选择公开宣布该国政府违背民主选举的标准，因此收回保护这家政府不受政变威胁的承诺。

第五步：

如果国际社会收回平定政变的承诺，那么选择权就转到一个新玩家的手里——军队。军队要决定是否发动政变。

第六步：

如果军队发动政变，则轮到国际社会选择了。它们可以袖手旁观，可以发声谴责，或者也可以支持政变，只要反对派领袖保证在具体的期限内召开选举，并接受国际社会的监督。

第九章　宁死不吃救济粮？

第七步：

最后选择权又回到政变领袖手中。如果国际社会有条件地支持政变，他们必须决定是否接受条件，召开自由而公正的选举，还是攥紧刚到手的权力——是做毛里塔尼亚的瓦尔上校，还是科特迪瓦的盖伊将军。

现在我们用回溯的方法来求解。从第七步开始：政变领袖会不会遵守国际社会提出的标准呢？如果他们决定遵守，那么他们就是英雄，会得到相应的回报。如果不遵守，如你所见，他们的处境就相当危险。政变领袖们是在执政者选举舞弊的情况下揭竿而起的，这也正是他们用来鼓动士兵哗变的理由。当然他们并不一定都是盖伊将军那样谋取私利的人。毛里塔尼亚的瓦尔上校就及时地召开了自由而公正的选举，并且让出总统之位。但是，假设政变领袖原本信誓旦旦，掌权后却反悔，拒绝召开受国际社会监督的选举，那会怎么样呢？答案是，政变领袖们自身会面临着再次被政变推翻的高风险。我们以前说过，这个高风险来自一场政变会诱发后续的政变。下一场政变的领导人自然有充分的理由，而第一场政变的领袖将会自食苦果：因为国际社会不会保护他们。盖伊将军就是一个例子。当他违背选举的承诺之后就被叛乱推翻。所以关键的一点在于，面临着再次发生政变的威胁，政变领袖们不得不遵守承诺，只是暂时接管政府。当然，人们有时候会犯错，或者会豁出去豪赌一场。但是在第七步中，最可能的结果是政变领袖们接受国际社会的条件。

现在我们可以再往上走一级，来到第六步。解决了第七步，第六步就一目了然。既然可以开出条件，让政变领袖召开选举，接受监督，那么援助国为何要无视或谴责政变呢？

现在我们可以看第五步。在这一局中，选择权在军队手中——要不要发动政变？记住，这一局的状况是国际社会已经证实该政府窃取选举成果的事实，并公开宣布收回在政变中保护该政府的许诺。在这种情况下，我们很难判断军队是否会发动政变。也许这位总统已经建立了一套咄咄逼人的高压政策，连交谈都会招来危险。也许军队完全被总统的近亲掌控，而且他们都衷心拥戴总统。但是政变也是很可能发生的——将军们对政府感到厌倦，认为他们的时刻到了。毕竟他们会担心，如果此刻自己不采取行动，只怕级别更低的军官们就要动手。那样的话，现任总统的下台会很不光彩。总而言之，对他人发动政变的担忧会促成抢先发动政变，因此发生政变的可能性更大。一个类似的例子发生在塞内加尔2000年大选之后，政变的威胁迫使政府下台。我们之前讲过，那次塞内加尔的政变威胁是借助科特迪瓦政变的势头，而科特迪瓦政变则表明法国停止了对非洲法语国家的安全防御。

现在进行到第四步。这是很关键的一步：国家社会一贯表现软弱，这一回有魄力做得到言出必行吗？第五步到第七步给了我们答案。国际社会只要宣布该国大选不合法，并且撤回帮助平息政变的承诺，就能够达到期望的效果。事实上，这个选择势在必行。假设国际社会不收回保护该政府的承诺，那么如果军队宣称政府不合法而发动政变，那时会是什么情况？那时，国际社会将会陷入一个既危险又受损的尴尬处境：要么背弃平息政变的承诺，要么就得军事介入，帮助该政府镇压其国内要求更好的国家治理的反对力量。所以，这一局没有悬念：国际社会肯定会收回平息政变的承诺。

终于我们来到成功的环节——第三步。该政府意识到自己可能在公平选举中落选，那么要不要做手脚呢？我们知道，如果该政府没有签字保证遵守国际标准，它会做出什么选择——看看尼日利亚和肯尼亚的例子就明白。那么如果该政府做出保证，会不会有所不同？我们现在有答案了。该政府会仔细思量事态发展。如果你怀疑这一点，国际社会的代表们会用图表解释清楚他们的应对方案。更关键的是，最底层10亿人的国家总统们都是从弱肉强食的层层斗争中胜出的精明透顶的人物——他们不一定都是你母亲乐意请到家里喝茶的类型，却一定都能在牌局中赢你。他们一定会掂量轻重，明白窃取选举成果没有好下场。这正是塞内加尔总统阿卜杜·迪乌夫（Abdou Diouf）曾经面临的权衡计算：是光荣而体面地自愿下台，还是冒着被政变推翻的高风险继续执政。他选择光荣地卸任。

现在我们到了可能导致整个计划泡汤的第二步：在推测出所有后续发展的情况下，还会有政府选择签字承诺吗？我们已经看到缔约许诺的坏处：政府将会无法窃取选举成果。这个代价是很重的。所以除非能获得更大的好处，否则政府是不愿缔约、承受损失的。我们知道承诺的好处是什么：保护政府、平息政变。但是这个承诺靠得住吗？

要回答这个问题，我们需要考察国际社会在博弈中每一步采取的策略。好在这个博弈并不复杂，从技术上来讲，它被称为一个"子博弈"。

第一步：
国际社会决定是否承诺平息政变，以换取该政府遵守民主的规则。

第二步：
在缔约遵守规则的国家发生政变，国际社会是否信守承诺，介入事变？

记住要从后往前推理。从第二步开始。国际社会为何要信守承诺？毕竟他们很难这么说——"一言既出，驷马难追"，至少不会板着脸郑重发誓。答案依然取决于对利弊的权衡。毫无疑问，信守承诺一定有高昂的成本。这意味着"我们的孩子",实际上有一天包括我自己的孩子,可能会被派到绝大多数选民们从未听过的国家去平息叛乱。作为丹尼尔的父亲,我也不希望有这么一天。但是信守承诺也有好处,而且潜在的好处是巨大的。我们终于找到一个方法,可以让民主制度在这些国家有效运转,如果不用这个办法,民主制度只会让这些国家的情况变得更糟糕。假如有一天发生需要平息的叛乱,那也就是说,已经有一批最底层10亿人的国家加入了遵守民主规则的阵营。

现在,请设想自己是那个决定守诺还是食言的政治家。我真的要做那个食言的政客吗?一旦违约,不但对不住这个国家,还会对已经有10多个国家加入的契约机制造成破坏。如果我违背诺言,不但会受到谴责,而且每天早晨看着镜中的自己,我都会想起自己干了什么。无论我在选民面前做出何种姿态,我这个"软弱"的名头算是坐实了。于是我决定问问军队:我们有把握平息政变吗?军方会怎么回答呢?一直以来,他们训练战术、升级装备、增加预算,就是为了应对这样的突发事件。他们已经研习过法国和英国的军队迅速扑灭小国政变而不伤一兵一卒的历史经验——毕竟这不是伊拉克。总参谋长的目光俯视着领导人,回答道:"小菜一碟,总统先生。"现在轮到领导人做决定。有时候再软弱的人也能强硬一回。事实上,这个博弈比我所展示得还要容易。既然知道政变很可能被扑灭,醉鬼才会做无谓的尝试呢,所以政变是很罕见的。

那么第二步就解决了。最后来看第一步。如果当政变发生时,扑灭它是值得的,那么做出帮助扑灭政变的承诺也是值得的。只要做出承诺,国际社会立刻就可以得到许多好处,而任何可能的代价都是将来的事。所以我们得到解答:扑灭政变的承诺是可信的,缔约加入遵守民主规则的阵营大有益处。另外,国际社会应当承诺扑

第九章 宁死不吃救济粮?

灭政变还有一个理由:回想一下是什么影响着政变发生的概率。我们前面分析过,援助显著地增加政变的风险。所以援助国政府无意中使受援国政府面临威胁。而这个威胁是它们有能力也理应出手化解的。

现在让我们回到这个问题上来:最底层10亿人的国家的政府到底会不会签署协议,遵守民主的国际准则呢?得到国际社会的保护是一个诱人的条件。不仅如此,政府还会考虑其他方面的好处。例如在援助国看来,它有执政合法性,这意味着有援助经费。可能在国内老百姓看来,它也有执政合法性,这意味着政府有更大的力量去达成目标。最后,这其中还存在一个激励因素。反对派一定会公开地高调承诺,一旦获选后将签订协议遵守国际准则,并且会利用这项承诺来抨击政府不公。若是能得到援助国的支持,或许可以减少对政府舞弊的攻击。

事实上,如果当年有这么一套国际准则机制的话,我想肯尼亚总统齐贝吉在2002年上台的时候肯定愿意加入。他在竞选宣传中承诺的一系列政治改革,正好可以用上这套国际准则。同样的,我认为肯尼亚反对党领导人拉伊拉·奥廷加在2007年的竞选中也会愿意加入。毕竟,当年正是他宣称大选结果不公并且呼吁国际社会介入。若有这么一套承诺机制,这种情况的确会触发国际干预。如果反对派可以通过承诺当选后遵守国际准则而获得政治优势,那么作为应对,政府也可能做出相同的承诺。

如果有这么一套国际准则机制,最底层10亿人的国家领导人就会开始分化出两派来——是做从善如流的"绵羊",还是冥顽不化的"山羊"。[1] 并且,这套机制还会对"山羊"增加压力。然而就

---

[1] 绵羊和山羊的典故出自《圣经》,是耶稣提到的一个比喻,耶稣把信徒分为两队,一队是能得救的绵羊,一队是不能得救的山羊(《马太福音》:25:31—46)。——译注

算有这么多好处，有军事能力的国家会愿意提供平息政变的安全防御吗？只有极个别国家的军队有提供这种安全防御所需要的快速部署足够兵力的机动能力——美国、法国和英国。它们愿意吗？它们早就有这样的军事部署。美国正在调整其在非洲地区已有的兵力，建立一支驻扎在非洲的快速反应部队。这支部队的司令官会是一位将军，而第二号人物就会是一位发展领域的专家。法国在非洲西部和中部尚有一系列军事基地。英国已经为塞拉利昂提供了安全防御。在我写书期间，美国向非洲政府寻求建立军事基地，被南非和尼日利亚拒绝。

在伊拉克战争之后，很多国家的政府都对美国先发制人的军事行动心生警惕。南非和尼日利亚可能也担心美国的兵力部署会削弱两国在该地区的影响力。然而事实是无情的，无论是南非还是尼日利亚，都没有能力提供所需的军事力量。而且即使它们之中任何一国建立起足够强大的军力，也不利于地区的稳定。毕竟相比一个全球性的超级大国，它们的邻国可能更担心对门的老大哥吧。美国不受欢迎是因为近年来的军事行动，而法国和英国则是因为殖民主义的历史。这个世界并不完美：在非洲人眼中看来，没有哪一国的军队是干净的。但是恰恰因为有这些疑虑，我们更需要明确的行动规则来约束这些军事力量。尽管南非和尼日利亚或许不愿意为目的不明的外国军队提供基地，但是对于那些为了保护遵守民主选举规则的政府而来的军队，它们应当是欢迎的。如果"滚出非洲"导致这片大陆被不负责任的政府所把控，那么这句口号本身就是不负责任的。

最后，我最苛刻的读者——读罢关于降低政变风险策略的章节却依然无法安心入睡的诸位总统们——我想对你们说：先生们，我在此保证，如果你们坚持往后读，一定会找到保护自己不受本国军队威胁的可靠办法。这就是：您不再需要把军队交给姐夫来保障自身的安全。您需要做的，只是向那个贵国刚刚加入的国际社会去游说，要求缔结遵守民主规则的契约；不然的话，国际社会对您来说就没有什么价值。读到这里您做了一条笔记，终于倒头睡下。

建议二：确保政府公共支出的廉洁

方案一为政府获得权力的规则提出建议。方案二要提议的是国际社会如何能够在权力的使用方面也提供一些标准。滥用职权的核心是金钱的诱惑。

无论来自援助还是税收，公共收入不是裙带政治的小金库。公共收入应当用来给社会繁荣发展所需要的公共品提供资金。但是一桩接一桩的丑闻证实，只有通过监督和惩罚机制来约束政客和高级公务员们的欲望，公共财政才能用在合理的地方。在腐败已经比较罕见的发达国家，我们几乎已经忘记正直的习惯是建立在对被审查的恐惧之上。在最底层10亿人的大多数国家，公共监督的制度从政府顶层就被废除，由此导致的大面积腐败不仅浪费公共资源，还让政治骗子得势。挪用公款来为自己的党羽牟利，已经成为维持权力的标准手段。权力约束机制可能会对这些国家的政界要人造成不利；在这种情况下，国际社会应该如何帮助这些国家重新建立起权力约束机制？

对最底层10亿人的大多数国家来说，答案很简单——绝大多数的收入来自援助。援助国有权力也有义务确保这些经费得到合理的使用。多年以来，援助国都一厢情愿地幻想它们的钱都花在这些国家对外宣称的那些援助项目上。当我们越来越支持受援助的政府们自行决定援助项目的内容时，这些项目就更不可靠了。很显然，如果援助国资助这些政府要求的项目，那么很可能它们会选择那些原本需要用税收去支持的项目。这个过程本身没有什么问题，但是援助经费真正支持的是政府本来做不了的事情。比如埃塞俄比亚政府本来就要扩建学校，得知瑞典政府愿意资助学校，就要求瑞典人拨款。这样一来，埃塞俄比亚政府就省下了本来要花在建学校上的钱，用来干别的事情。

当援助国们发现这个问题之后，大多数国家从资助具体的项目变成资助预算。也就是说，它们直接送给受援国政府一张支票，作为国家收入的一部分来安排预算。虽然这是现实的做法，但此举非常不负责任。除非这个国家有着健全的预算系统，否则拨进国库里的经费就会流入政客亲信的腰包。

一个国家应当有健全的预算系统，这句话说起来容易做起来难。为了确保预算系统的健全，需要两样配套的资源：能力和审核。哪里有漏洞，公共收入就会从哪里流失。所以首先必须完成的重要任务就是彻底整顿公共开支的管理流程：做预算需要会计师，很多会计师。在一个缺乏诚信的体制文化中建立财政监管系统，就需要像防范独裁一样去设计体制：必须建立起重重监管，哪怕只有少数几个会计想要贪腐，也没有一点漏洞可钻。表面上看这种机制可能显得过于繁琐，因为分摊在公共开支的每一块钱上的行政成本会远远高于那些奉行诚信的体制的成本。但这就是现实：贪污腐败导致公共开支的效率下降。

援助国可以通过技术援助帮助这些国家的政府建立合理的会计体系。技术援助也就是提供具备专业技能的人才。这是最不受重视但往往最关键的援助方式。光是支持能力建设还不够，援助国必须核实这些技能的确是用在确保公共支出的廉洁方面。这就需要在协作进行能力建设之外采取法律措施。只有在对预算系统进行法律

第九章 宁死不吃救济粮？

监管核实无误后，援助经费方可进入公共开支。当然，如果援助国立刻实施这套监管规则，那么以现行体制的状况来看，是不可能审核通过任何一笔开销的。所以监管的实施需要有一个过渡阶段，提前告知并做出安排。但是这套体系必须建立起来，没有别的办法，因为援助的项目在很大程度上是不可信的，所以为了有效利用援助经费，必须确保预算体系的健全。如果政府想要使用援助经费，那么这就是前提条件。我称之为"治理条件"（governance conditionality），以区别于"政策条件"（policy conditionality）。援助国不应该对援助对象的政府说教，指示它们要采取什么政策，或者是应当怎么在公共品方面花钱。但是援助国有义务向本国的纳税人和最底层10亿人的国家的老百姓保证，绝不纵容公共开支流入私人的腰包。

如果以这些作为援助的条件，有的政府就会拒绝，特别是那些靠出口自然资源获得大量收入的国家。对于这种政府，国际社会没有什么经济上的影响力，所以要采取完全不同的方法来鼓励这种国家建立廉洁的财政。这种办法在本书里暂不讨论。然而还有一类国家，虽然政府可能愿意接受援助条件，但是要建立负责任的预算系统是不现实的，因为行政系统太落后，短期内不可能达到所需要的水平。那么还有别的办法吗？

目前，在埃伦·约翰逊-瑟利夫（Ellen Johnson-Sirleaf）这位令人钦佩的总统带领下，改革派管理着利比里亚政府。在她之前的政府糟糕透顶，以至于最优柔寡断的援助国都亮出底线。它们对于援助经费的滥用问题忍无可忍，就把对主权的顾虑放到一边，建立起"治理和经济管理援助计划"（GEMAP）的机制。在这个机制下，财政部长没有援助国的联署就不能决定开支。GEMAP被誉为一项伟大的成功，但实际上是一个万般无奈之下回归殖民主义的办法。在和主导改革的新任财政部长安托瓦尼·萨耶赫（Antoinette Sayeh）的交谈中，她向我表示希望利比里亚不再需要这个机制。但是没有 GEMAP 怎么办？援助国当然信任安托瓦尼本人，但连她自己都不能保证公共经费得到合理的分配。一个腐败的财政部长可以确保公共经费的开支一定不合理，但很遗憾，这句话反过来并不成立。一个部长的工作依靠的是部里的全体雇员。总统约翰逊－瑟利夫上任的第一件事就是解雇整个财政部。她做得很对，但是第二天该怎么办呢？

GEMAP 只是在情况已经无法控制的时候，才不得已实施的一种政策。除了用这种办法来被动应对之外，国际社会需要预料到在某些情况下，通常的问责制体系已经恶化到无法迅速修复的地步，而且这种情况下对公共品的需求也是最迫切的。那么在设计体制的时候，需要考虑如何能让大额的经费即使在最坏的情况下，仍然能够安全地投入基本服务领域。

在最底层 10 亿人的国家之中，基本上所有刚独立的政府都毫无意外地采纳了 20 世纪 50 年代欧洲盛行的模式——政府部门垄断供应。这个模式在欧洲出现一些问题，就逐渐被淘汰。对于最底层 10 亿人的国家，这样的模式往往是不利的，在某些地方甚至是灾难性的。

更加符合现实的制度设计，应该把这些华而不实的政府部门里搅和在一起的职能分割开：总体政策、项目拨款以及实际的项目实施。政府部门应当只负责制定总体政策。实际上，只有将政策制定与拨款两项职能分开，才能使政府严肃考虑政策问题——目前看来它们只重视回扣多的项目。在服务急缺而公共系统瘫痪的地方，应当开放提供服务的资格——例如开办学校——使有能者居之。也就是说，不是政府大包大揽，而是让教堂、非营利机构、本地社区以及新的慈善机构来参与提供公共服务。值得一提的是,新慈善机构往往是商学院毕业的年轻人在运营,他们既充满激情,又追求效益最大化。他们所表现出来的专业、创造力以及能量让我刮目相看。

在政府部门和这些服务提供方之间,应设立一个管钱的机构,负责和供应方签合同并且监督他们的工作,确保达成政府部门设定的目标。这样的机构是目前缺失的一环。目前,政府花着援助国的钱,非营利组织各自为政,没有参与公共服务的供应,很大程度上也不可靠。设立一个衔接两方的机构,可以帮助援助国把经费花在高效的服务供应上。同时,援助国将与当地政府和社会一起监督这个机构。那么问题来了,通过这个机构分配经费,是不是仍然面临着我前文提到的资助项目的问题呢?也就是说,如果援助经费支持的是最急需的基础社会开支,不就是帮当地政府节省税收来做别的事情吗?我的回答是,像利比里亚这样瘫痪的国家,经济已经崩溃,政府收入也化为泡影。这些国家急需援助,但是目前它们得到的援助太少。这是因为援助国们不信任这些糟糕的公共支出体系。所以顺理成章的结论是,援助国们需要尝试新的体系。

问题是,这些崩溃国家的政府愿意接受新的公共支出体系吗?我想,为了换取大幅上涨的援助经费,大多数政府会同意的。

建议三:由国际社会提供安全防御

说完问责制,该讨论安全防御了——对于最底层 10 亿人的这些小国来说,安全是最急需的公共品。很显然,到目前为止,安全防御的提供是不够的,这也是这些国家动荡危险的原因。最底层 10 亿人的国家普遍缺乏社会凝聚力。对于一部分公共品来说,这个问题可以通过权力下放的方式解决:如果在国家层面上,公共财政被视作私人金库，那么也许可以放弃一些规模经济，建立广泛的国民认同。然而这个方式在安全方面行不通：保障安全的职能一旦下放，会加剧内战爆发的风险，因为反对派的政客会招兵买马，培养自己的军事力量。安全防御不应该来自比国家更低的层面，而应该来自高于国家的层面。

在过去的半个多世纪里，高收入国家通过区域合作的方式提供安全防御，正如它们提供其他公共品一样。北约（NATO）就是这样一个实行集体防御的军事组织。最底层10亿人的国家相互之间是否也能成立一个合作机制呢？我后面会讲，最底层10亿人的国家在安全领域有很大的合作空间有待开发。但是在深入探讨之前，我们先要问，这个想法是否太异想天开？联合国最近提出一个更激进的方案——国家保护责任（the Responsibility to Protect），简称R2P，对于国家主权这个概念来说是个不折不扣的冲击。按照这个方案，国际社会有权介入一个国家，保护其公民不受本国政府伤害。相比之下，我提出的建议绝对温和得多。在最基本的层面上，相邻的国家通过安全防御方面的合作互惠互利；而最多不过是当一国爆发内战时，邻国有权利去保护自己的公民。

在论述我的主张之前，最好先声明其中不包括什么。我并没有建议联合国的军队开进津巴布韦去推翻总统穆加贝，或者去恢复达尔富尔的和平。我认为这些幻想对我们在较少争议性、更现实的领域的安全合作造成干扰。

那么让我们从容易接受的开始：互惠互利的安全防御合作。回想一下邻国之间的军备竞赛。如果邻国之间相互视为威胁，那么各国政府的军费开支就会变成该区域的公共弊病。军备竞赛并不能改善整体的安全状况，纯属浪费钱。更糟糕的是，我之前谈过，部分枪支流入黑市，一个地区军费开支越高，反政府武装集团就更容易

第九章　宁死不吃救济粮？

弄到武器，而廉价的枪支增大了内战的风险。

有没有什么办法，可以像总统阿里亚斯·桑切斯（Arias Sanchez）在中美洲推动和平一样[1]，解决"力利浦特"的军备竞赛困境？一个可以参考的例子是通过区域贸易协定降低关税。非洲国家的政府就区域贸易协定已经谈判多年，但在军费开支领域却没有类似的沟通。原因之一，是涉及的方面太多。假如在一个岛屿上有两个国家，彼此之间展开军备竞赛，那么两国之间谈判相对容易，毕竟军费开支对彼此构成威胁，而停止军备竞赛对双方都有利。

遗憾的是，非洲大陆的情况完全不同：一系列国境线把整块大陆划分成47个国家。津巴布韦毗邻赞比亚，赞比亚紧接着刚果民主共和国。刚果民主共和国对赞比亚构成潜在的威胁，但津巴布韦就没有这个顾虑。同样的道理，刚果民主共和国还与乍得接壤，邻国之间的关系以此类推。通过贸易协定可以在某几个国家之间降低关税，而不包括其他国家。比如津巴布韦和赞比亚之间可以达成协议，而刚果民主共和国则不参与。然而一个国家降低军费开支对所有其他国家都有利，无论其他国家是否响应。比如假设赞比亚削减军费，对津巴布韦和刚果民主共和国都有好处。但是，如果只有津巴布韦随之削减军费，那么赞比亚的处境就不太安全，因为现在它相比刚果民主共和国来说要弱势一些。所以军费削减的谈判要想成功就必须把所有国家都包括进来。由于在这个问题上要么全体国家同气连枝，要么一事无成，而非洲地区国家太多，结果就是不可避免地陷入僵局。总而言之，区域间合作提供安全防御这个办法听上去很诱人，但实现起来太难。

---

1 在哥斯达黎加前总统阿里亚斯的倡导和努力下，中美洲5国（尼加拉瓜、萨尔瓦多、哥斯达黎加、危地马拉和洪都拉斯）在1987年签署《中美洲建立稳定和持久和平的程序》，为实现中美洲地区的和平奠定了基础。他因此而获得了当年的诺贝尔和平奖。——译注

军费开支作为一种区域间的公共弊病应该受到遏制。从理论上来讲，减少公共弊病的措施通常是征税——这就是碳税（carbon tax）[1]背后的原理。所以如果非洲联盟可以达成协议，就该对军费开支征税，正如欧元区对高额赤字这项区域公共弊病征税一样。当然，非洲联盟要想达成这样的区域合作还任重道远。那么有没有别的方法？想一想，提供对某地区有利公共品的最有效方式不一定来自该地区内部。疟疾疫苗的发现就是一个例子：疫苗的普及有利于整个非洲，但只有高收入国家才拥有研究疫苗需要的技术。疫苗的研究在高收入国家进行，这也正是相关经费能够得到合理使用的原因。同样的道理也可以运用在降低军费开支这一区域公共品上，办法是对军费征税。

通过把援助经费和军费水平挂钩的办法，援助国可以在这个区域模拟一种国家之间税收。想一想我们之前讲过的内容，就知道援助国有充分的理由这么做：到目前为止大概40%的军费开支是由援助经费买单的，而这与其初衷背道而驰。援助国原本应该对军费开支征税，但是实际上却一直在补贴！目前为止，援助国们对于受援国不断增长的军费只有批评指责。如果它们能把这种合理的不满体现在某种明确的援助经费分配制度上，对于控制军费水平更有效，同时也避免了造成对受援国横加干涉的印象。举个例子，以目前的水平为基准，军费开支每增加1美元，援助经费就减少40%，减少的经费会分配给其他国家；反过来，军费开支的削减则会得到相应的奖励。与批评指责不同，这种办法不会被视为侵犯主权，而是提供一种地区间的公共品，同时这种简单又稳定的激励机制很有可能

---

[1] 碳税是指针对二氧化碳排放所征收的税。它以环境保护为目的，希望通过削减二氧化碳的排放来减缓全球变暖。——译注

第九章 宁死不吃救济粮？

有效控制军费水平。

现在，让我们再进一步。到目前为止，安全防御的供应是国家之间一种互惠互利的公共品。所有的政府都希望享有安全，而由国际社会来供应安全防御的方案，大大提高了其技术可行性。然而别忘了正如一首歌里唱的，我的快乐也许建立在你的痛苦之上。说得更专业一点，我的决定可能对你造成负外部性。即使我不愿意，这些外部性也需要被内部化。现在，在国家主权的问题上我们要态度强硬一点。

从历史上来讲，整个国家主权的概念起源于三十年战争[1]。在那段战乱的岁月里，信奉不同宗教的政府彼此为敌争夺地盘。战争留下的惨痛教训使人们深刻意识到，靠血腥的征服来改变宗教的使命，不值得付出如此沉重的代价。国家主权的原则就此诞生——无论一国政府对自己的人民犯下什么罪恶，其对别国的利益造成什么影响，都不足以构成介入干涉的理由。主权的概念诞生于17世纪，这个理念在当时是有合理依据的，因为那时候经济和社会尚未高度结合。然而无论这个概念在历史上是否合理，如今已经站不住脚。今天，一场内战对邻国产生的不利影响太严重，不可忽视。

我和安珂、丽莎·肖维以及阿尔伯特·贝哈共同研究过内战对邻国的负外部性。我们采用标准的方法，不过需要小心区分与战争有关和无关的影响。例如，干旱会影响好几个国家，就像20世纪90年代中期南非的旱灾一样。我们发现，内战对邻国造成的损失远

---

[1] 三十年战争（1618—1648）是由神圣罗马帝国的内战演变而成的全欧参与的一次大规模国际战争，也是历史上第一次全欧大战。这场战争是欧洲各国争夺利益、树立霸权的矛盾以及宗教纠纷激化的产物。战争以波希米亚人民反抗奥地利哈布斯堡王朝统治为肇始，以哈布斯堡王朝战败并签订《威斯特伐利亚和约》而告结束。这场战争推动了欧洲近代民族国家的形成，是欧洲近代史的开始。——译注

低于对本国造成的损失,这一点毫无意外。一般来说,当一个国家陷于内战的时候,其邻国的经济增长会下滑0.9%。然而一个处于内战中的国家往往与三个以上的国家毗邻,并且邻国的经济规模一般都比内战的国家大。这是由于——我们以前讲过——国家小而穷,战争风险就大。

我们只研究一国内战对直接相邻的国家造成的影响,而忽略在更广泛的区域内的负面溢出效应。然而研究结果表明,即使仅限于直接相邻的国家,一国内战对所有邻国造成的负面影响总体上仍远高于本国的损失。所以,根据经济学中关于如何将外部性内化进决策过程的标准解决方案,那些显著影响内战风险的决策就应该在该区域内来共同决定。刚果民主共和国的战乱影响到好几个邻国,以至于卢旺达、乌干达和安哥拉三国都向刚果派出了部队。这个例子极好地说明了安全防御对于整个区域的重要性。

回想一下,我们之前说过冲突后时期是最危险的。冲突后的国家很可能再次爆发战争,对邻国造成巨大损失。那么冲突后国家的邻国是不是有权利影响该国的政策呢?一年前,我的设想是,冲突后国家应当经历一个与邻国共享主权的阶段,直到渡过危险时期为止。然而,后来我意识到两个无法逾越的问题。

问题一:利益攸关的邻国们参与冲突后国家的治理,有合理的原因,也可能有一些不合理的动机。在全世界范围内,相邻的国家之间往往都有些摩擦,毕竟邻国是外部威胁的主要源头。在本书写作期间,巴基斯坦自贝娜齐尔·布托(Benazir Bhutto)[1]去世后陷于瘫痪状态,但是巴基斯坦不会和印度共享主权。同理,厄立特里亚

---

[1] 贝娜齐尔·布托(Benazir Bhutto,1953年6月21日—2007年12月27日),巴基斯坦前总理,人民党领导人。2007年12月27日在伊斯兰堡邻近的拉瓦尔品第市举行的竞选集会上遭遇自杀式袭击受伤,不治身亡。——译注

第九章　宁死不吃救济粮？

也不可能和埃塞俄比亚共享主权。总之，邻国之间共享主权行不通。非洲联盟很清楚这一点，所以才会提出除了索马里的邻国以外，由任何愿意出兵的国家派出军队赴索马里执行维和任务。然而索马里的例子也证实了这种办法的局限性，因为唯一一个愿意大量派兵的国家恰好就是邻国埃塞俄比亚。

　　问题二：冲突后国家的邻国们并不属于一个政治组织，因此它们没有在一个组织内部合作的经验。而且很显然它们的协作是短暂的，可能撑不过10年。更麻烦的是邻国数目众多的情况。以当今的后冲突国家——刚果民主共和国为例，看看地图，都有哪些国家与其接壤：刚果（布）、中非共和国、苏丹、乌干达、卢旺达、坦桑尼亚、赞比亚和安哥拉。模拟试验证明，参与者数量越多，协作越困难。8个参与者就算很多了。另外，参与者们要逐渐学会协作。所以如果从零开始建立合作组织，那么合作初期必然有一个试错的阶段，而这正是冲突后国家最脆弱的时候。最后，模拟试验的最重要结论之一，就是参与者们使用一种待遇对等的策略来确保相互合作：它们避免做出不理性的决策，因为这样终将遭到对方的报复。总而言之，短期合作比永久合作更难实现。

　　因为以上问题，我不得不放弃主权共享这个提议。那么还有什么选择呢？我认为解决的方案就是把邻国对冲突后国家合理的利益诉求，委托给一个永久的、与冲突后国家没有利益关系的组织。虽然非洲联盟这样的区域性组织也是可以考虑的，但显然最好是联合国，具体说来是在安理会和联合国大会之下成立于2005年的建设和平委员会（Peace-Building Commission）。这样一来，在刚果民主共和国这个案例中，联合国代表其邻国掌握一部分主权，致力于尽量减少冲突后国家对邻国造成的损失。需要声明的是，联合国掌握部分主权，并不是因为它自身有这个权利。这一点和一些学者建议联合国恢复旧有的托管治理模式有很大的不同。冲突后国家的政府应当和联合国分享主权,而不是被联合国剥夺主权;并且应当首先规定,区域或国际组织与其共享主权的目的只是保护邻国的合法权益。

那么究竟是什么在指导着受托人的决定呢?在一定程度上,每一个决定所面临的状况都是独一无二的,必须具体情况具体分析。不过有一套明确的指导方针有助于做决策。当有不同的参与者需要协调的时候,指导方针尤其有用。我认为这里面有三方面参与者。有的政府应当派出维和部队或为其提供资金;有的政府应当提供援助;冲突后国家的政府应当推行经济改革,削减军费,并且如果要举行选举的话,那么就应当保证选举的自由与公正。一直以来,那些国际社会监督不到的国家的军火商铤而走险,无视对冲突后国家实行的武器进口禁令。不过现在我们有办法查出这类违禁行为。

这其中每一方都有赖于其他方面的参与。有效实施武器禁运,才能减少维和部队官兵的伤亡。维和部队需要等到该国经济发展良好之时才能撤出,而经济发展需要援助经费和政策改革的助力。选举一直都在进行,但是离自由、公正还差得远,这非但没有降低暴力的风险,反而引发更多的暴力。这些决策不仅相互依赖,而且需要持续10年左右,但是到目前为止,三方面只有短期协作。指导方针旨在规定10年之内各方对彼此的责任,虽然没有法律约束力,却可以让各方对彼此行动有一个共同的预期。而且指导方针也是符合现代国际合作精神的——从《蒙特雷共识》(Monterrey Consensus)到《联合国全球契约》(United Nations Global Compact),都是约定成员国之间相互的责任。正如武器禁运要求各国遵守禁令一样,国际协作中承担责任的范围很广,并不仅限于高收入国家和最底层10亿人的国家之间。

在制定指导方针的时候,一个后冲突契约应当直接或间接地指

第九章 宁死不吃救济粮？

出不能逾越的红线。红线规定得越明确，就越不容易被逾越，因此国际社会在后冲突国家的介入也就不至于演变成一场噩梦。要是我们一开始能明确这些红线，我想到目前为止的后冲突乱局原本是可以避免的。

本章提出三条国际行动的提议。第一条建议，解决的是打着民主的幌子攫取权力的问题。第二条建议，解决的是获得权力以后滥用权力的问题。最后，是解决困扰最底层10亿人的国家的结构性动荡不安问题。这些建议可能被采纳吗？

目前对于国际行动的讨论涵盖两个极端。就拿在津巴布韦问题上的不同立场来说。一方面，布拉瓦约[1]的大主教以及众多国际时事评论员都在呼吁国际社会采取军事行动推翻总统穆加贝；托尼·布莱尔反对穆加贝参加英联邦首脑会议，戈登·布朗因为穆加贝参加欧非峰会而拒绝出席。另一方面，非洲国家的总统们又同气连枝为穆加贝鸣不平，推选他做联合国人权委员会主席。本书中提出的三条建议，没有一条是军事干预更换政权。我认为通过外部势力更换一个国家的政权，无异于揭开殖民主义留下的尚未愈合的伤疤，因此这种做法是不现实的。然而，本书的建议也不是毫不干涉。当今世界，各国紧密相连，毫无约束的国家主权必生祸端。这些极端的立场相持不下，所以我建议一种折中的方案。

那么，如果这些建议被采纳，它们会起到预期的作用吗？

当本书付梓之时，肯尼亚正发生骚乱。在这本书的写作中，我尽力展示通过规范选举有可能改变肯尼亚的历史进程。然而在过去的10年间，真正笼罩非洲的灾难阴影来自津巴布韦。确切的是，

---

[1] 布拉瓦约是津巴布韦第二大城市，北马塔贝莱兰省省会。——译注

总统穆加贝系统性地破坏民主政体和国家经济。那么有什么办法能扭转这个灾难呢？唯一能够改变津巴布韦历史进程的力量，来自津巴布韦本国的军队。非洲联盟目前的规则，拒绝承认政变的合法性。虽然这是完全可以理解的，现任总统们当然乐意达成这样一条协议，但这条规定是不合理的。津巴布韦需要一场政变，但不是像科特迪瓦和埃塞俄比亚发生的那种造成更大灾难的政变。对于政变我们要控制，而不是杜绝：这就是本书的核心主张。

第十章
改变现实

到此,我们已经讲完本书的主要内容。最底层10亿人的国家处于结构性的动荡不安和结构性的问责制缺失之中。虽然最近几年是有史以来全球经济增长最快的时期,但是以上两种痼疾导致的严重后果人人皆知。结构性的动荡不安在索马里和苏丹先后导致的危机,占据2007年国际新闻的头条。结构性的问责制缺失导致选举丑闻,分别在尼日利亚、巴基斯坦和肯尼亚爆发,也上了2007年的头条新闻。2008年初,乍得发生叛乱,而东帝汶的叛军政变未遂,总统还在澳大利亚接受治疗。今后恐怕还会有更多这样的事件发生。

那么最底层10亿人的国家,所面临的这个结构性的痼疾到底是什么呢?一言以蔽之,就是它们太大,很难建立有社会凝聚力的民族国家;与此同时它们又太小,很难建立和平稳定的政权国家。说它们太大,是因为这些国家族裔太多元,缺乏集体行动所需要的团结一致;说它们太小,是因为这些国家人口少,达不到高效提供公共品所需的规模。有些公共品不一定是国家良好运转所必需的，因为可以通过私有部门来提供。欧洲的部分医疗和教育服务是公共品，而这些在美国就是靠私立机构来运营。但是另外的一些公共品是不能让私有部门代劳的。国家安全和问责制就是这样的公共品。

没有一个国家的安全防御可以成功地依赖于私有部门，尽管历史上间或有这样的尝试。受雇的私人武装最终会掠夺它们本该保护的人民。布里吞人[1]在罗马人撤离后，曾经尝试过雇佣一群朱特人[2]匪徒来帮助他们抗击皮克特人[3]。没想到朱特人在15年后看准时机，血洗不列颠的统治阶层并取而代之。说到由私人来提供问责制，绝大多数这样的例子——比如在美国，面临着医疗诉讼的威胁，医疗体系变得规范——都有赖于法律的支持。在法制缺位的国家，为了在一个小圈子里维持良好的声誉，也可以建立起一定程度的问责制。经济学家们常常提到的一个例子，即13世纪的犹太商人在没有法律约束的情况下，凭着良好的信誉进行跨国贸易。然而阿维纳什·迪克西特（Avinash Dixit）[4]最近展示，如果这样的小圈子规模扩大，那么整个体系就会崩溃。所以，安全防御和问责制只能由政府来提供。缺乏这两者对社会经济造成的后果，就是最底层10亿人的国家在过去40年间经历的故事。在这段时期里他们沦为全球最贫困的人群。

---

1 布里吞人（Briton），6世纪以前居住在不列颠岛南部的凯尔特民族。公元前1世纪中叶至5世纪中叶受罗马人统治。5世纪后，曾长期抵抗来自欧洲大陆的盎格鲁人、撒克逊人的侵略，后被迫退入不列颠西部山地，逐渐形成近代威尔士人。——译注

2 朱特人（Jute），北欧的古代民族，原住日德兰半岛的日耳曼人的一个部落集团。5世纪中叶至6世纪上半叶，一部分与盎格鲁人、撒克逊人等陆续渡海移民大不列颠岛，在岛的东南部建立肯特王国。其后与当地部凯尔特人以及后来迁入的丹麦人、诺曼人等结合，形成近代英吉利人。——译注

3 皮克特人（Pict），指数世纪前，先于苏格兰人居住于福斯河以北的皮克塔维亚，也就是加勒多尼亚（现今的苏格兰）的先住民。——译注

4 当代数量经济学研究领域的著名经济学家，美国普林斯顿大学终身教授。——译注

第十章 改变现实

如果政治领袖有足够的远见,最底层 10 亿人的国家可以塑造出共同的国民身份认同,从政权国家转变成民族国家,并且和区域内其他国家开展合作。以上方法结合起来就能够改善公共品的供应,确保人民所需的安全防御和权力制衡机制。有时候,会有拥有这样领导力的人物出来掌握政治权力,但这样的好事并不常见。

朱利叶斯·尼雷尔、苏加诺、纳尔逊·曼德拉这些富有远见卓识的领导人都是开国总统,这并不是偶然现象。一旦政权可以被一心谋私的政客所获取,那么这种利欲熏心的政客就一定会搏上一把,而正直的人士则会退出政坛。劣币驱逐良币。我尽量不使用花哨的经济学术语,不过既然您已经读完本书,相信您能够很好地理解这个术语:按照经济学的说法,政治领袖的质量是内生变量。所以在这些国家里高瞻远瞩的领导人寥寥无几。

因此我们有足够的理由相信,安全防御和问责制作为一个国家的基本需求,应当由国际社会来供应。在伊拉克战争之后,很多人看到军事干预造成的意外后果,可能会认为任何形式的干预行动风险都太高。然而,国际军事干预行动也曾有过很多成功的例子。我们得到的教训并不是军事干预本身风险很高,而是应当限制和明确规定在什么条件下才能进行军事干预。

由于任何有关军事干预的方案都会受到主权在握的总统们的愤怒抨击,那些生活在较为幸运国家的 50 亿人正好为自己的袖手旁观找到心安理得的借口。那些深陷受害者心态的人也得出类似的结论,毕竟世界列强已经造成太多的破坏。我本人的态度曾经一度是"给它一点时间来看看"。毕竟当今这些发达国家,从 19 世纪的励精图治但不实行问责制的政权发展成为合法的问责制民主国家,其间经历了数十年。但是我现在认识到,最底层 10 亿人的国家并没有从政治暴力朝着合法的问责制民主平稳过渡,而是走进一条死胡同——没有规则限制的选举竞争会破坏国内合作，而总统手中紧握的主权则会阻挠国际合作。

本书提出破解僵局的办法。只需要最低限度的国际行动，就能驾驭一国内部强大的政治暴力，让它推进社会正义而不是造成破坏，让缺失的公共品归位。这些公共品中的一部分是直接满足物质需求的，比如因为缺乏集体协作而长期得不到保障的供电和国际运输路线。这就是传统意义上设定的国际援助的作用。然而，缺失的最关键公共品的供应需要新的方法。国际维和以及远距离安全防御在政治上很难实现，但是这两种方法是有效的。虽然代价高昂，但回报也很可观。国际规则和标准——可以是自愿遵守，也可以通过激励机制来规范——既没有什么政治上的难处，又没有很高的成本。总之，设立国际规则和标准这个办法，没有显著的弊端，我们就应当去摸索尝试。

一个安定繁荣的地区真正重视另一个无法靠自己保卫安全的地区，上一次发生这种事情要回溯到20世纪40年代。当时安定繁荣的是美国，不安全的是欧洲。美国的行动既是慷慨相助，也是考虑到自身的利益。无论出于什么动机，美国都很清楚它必须重视起来。

美国做了什么？首先，它改变安全防御的政策。二战前所奉行的孤立主义被废除——美国建立北大西洋公约组织，这是一个防卫协作的体系。为此，美国在40多年间往欧洲派驻官兵达10多万人次。同时，美国还改变其针对国际规则和标准的政策。虽然在第一次世界大战后，它极其重视国家主权，几乎视之为第十一条诫命[1]，

1　此处用典"十诫"。按照《圣经·出埃及记》记载，上帝借由以色列的先知摩西向以色列人颁布的律法中首要的十条规定。——译注

第十章 改变现实　　217

甚至为此拒绝参与国际联盟[1]。然而，在二战以后，美国主导成立了联合国、国际货币基金组织、经合组织，并促进了欧洲共同体的成立。此外，美国还拨款帮助战后重建，发起马歇尔计划，成立国际复兴银行（International Bank for Reconstruction），后来增加"开发"二字，是为国际复兴开发银行，再后来将其重命名为世界银行，其重点工作就在这"开发"上。美国甚至还放弃了贸易保护政策，不过那是另一回事。总之，您现在有了一个总体印象：美国在面对安全威胁时严阵以待，不放过任何可行的战略。而它的战略见效了，来自苏联的威胁已经消失，但即使是采取如此大规模的应对措施，也坚持了40多年才赢得胜利。

　　与之相比，我们这一代人面临的挑战是更大还是更小？安定繁荣的地区已经大大地扩展，意味着有更多的国家可以分担负荷。不安全的地区并没有缩减，而是转移——1945年最底层10亿人的地区是和平的，因为它们那时是殖民帝国的一部分，但是它们独立之后就变得动荡。不过当今的危机没那么严重——刚果民主共和国并没有导弹可以对准华盛顿。事实上，我们好像回到了1919年：我们没能正视危机，是由于当下的危机形势不明、不可捉摸。在1919年巴黎和会上，各国同样没能正视危机，一直到20年后二战爆发才意识到当年的错误。

　　冷战结束以来，我们对危机的忽视体现在战略的摇摆不定中。有时，我们彻底不作为：我们在10多年间放任索马里的无政府状态，以为索马里的问题可以自行解决，不需要我们的介入。结果基地组织最终占据了这片真空。第二次伊拉克战争又是另一个极端：先发

---

[1] 国际联盟，简称国联，是《凡尔赛条约》签订后组成的国际组织。国联曾拥有58个成员国。其宗旨是减少武器数量、平息国际纠纷、提高民众的生活水平以及促进国际合作和国际贸易。二战结束后，国际联盟被联合国所取代。——译注

制人的全面介入。我怀疑现在的战略中是否还能保留介入的政策，我们似乎又要回到彻底不作为。然而，我们从美国战胜苏联的威胁的经验中学到的是，当面对这样规模的挑战时，需要长期保持连贯一致的政策。当然，付出行动背后的理由并不仅限于保卫我们自身的安全。当我们享受生活的美好和希望之时，世界上还有10亿人在困厄中挣扎。这不仅是对安全的威胁，而且是当今世界的一桩耻辱。

但是自身的利益和同情心并非不可兼得，相反二者可以融合成一种共同的目的。政治右翼需要承认，出于对安全防御的合理担忧，应当拿出一个比第二次伊拉克战争有效的战略来。政治左翼需要承认，面对政治暴力无动于衷是在逃避责任。担忧和愧疚，这两种强大的感情干扰我们的思考。然而，把同情心和自身利益结合起来则不然。同情心给了我们行动的力量，自身利益则保证我们坚持下去。布什总统主张，面对安全问题，预防总是正确的应对措施。这一点没错，但是他错在认为最好的先发制人的政策就是军事入侵。我们有很多政策可以采用。有些需要一点时间才能见效——要以10年而非几星期为单位来考虑。但是，所幸我们如今面临这些问题，只是因为以前没能解决它们而已。如果我们在冷战结束的时候就能重视这些问题，很可能已经快要大功告成。然而，那时候的我们太幼稚、太自私。现在，是时候纠正过去的错误了。

致谢

本书的观点，全都建立在统计研究的基础之上。统计并不能保证这些观点的正确性，但是让我们大致了解在多大程度上可以信任它们。在某种程度上，本书论点的可靠性要归功于统计的运用，同时也因为我是在现代学术界开展工作的。正如"辛普森一家"是一个理想化的家庭，现代学术界也是一个理想化的社群。基本上，学者们在学术声誉方面的竞争是个零和博弈，成功的捷径就是推翻名作。您大可放心，已经有一群雄心勃勃的学者排着队来给本书的观点挑刺儿。我当然怕得要命，竭尽所能地减少谬误以求自保。顺便提醒一句，这也是为什么您应当警惕那些离经叛道的思考者兜售的诱人理念。因为他们没被学术界重视，驳斥他们的观点也带不来什么荣誉。

我万分景仰独当一面的学术天才，但发现自己更适合与团队共事。我的工作仰仗于一批年轻合作者，他们的才华远胜于我。本书建立在大量研究的基础上，而绝大部分的研究工作是在他们的协助下完成的。安珂·霍芙勒（Anke Hoeffler）与我一起探讨内战的起因、军备竞赛以及什么样的国家容易发生政变——可能是我做过的最有卖点的研究，因为这正是我所访问国家的总统们最大的担忧。我们对政变的研究最后变成另一种竞赛——我们成功赶在安珂的第一个孩子出生前几天完成。丽莎·肖维（Lisa Chauvet）和我一起研究选举、失败国家的损失以及为何改革举步维艰。很快我就发现我们的合作也面临着同样的竞赛。当我团队中的姑娘们都去休产假时，研究重担就落在了小伙子们身上。多米尼克·罗内尔（Dominic Rohner）和本尼迪克特·高德里斯（Benedikt Goderis）从剑桥大学过来为我工作。多米尼克与我一起研究令人不安的低收入民主国家的政治暴力，为本书第一章巩固基础。和本尼迪克特一起完成的工作非常惊人，我们将在下一本书里阐述：为什么大宗商品热潮和中国的影响都没能显著拉动这些国家的经济增长。另外，在成书过程中，曼斯·森德本与我一起探索如何降低后冲突阶段再起冲突的风险。克里斯·亚当（Chris Adam）、维克多·戴维斯（Victor Davies）和我一起研究援助在后冲突时期的社会稳定方面扮演的角色。

当然，本书中最出色的研究是和佩德罗·文森特（Pedro Vicente）一起完成的。随机试验是当下经济学研究最热门的方法，但我相信，是我们最先用随机试验来探讨如何限制腐败政客对选民的暴力恐吓。很显然，如果您要研究这个课题，就不能选择瑞士的某教区委员会选举来对照。我们研究的背景是尼日利亚的总统大选。正如有人所说，尼日利亚的总统大选可不是请客吃饭。

汉福·海格里（Havard Hegre）与我一道估算后冲突时代抑制暴力的策略的成本与效益。成本效益分析是一种标准的决策方法：道路规划师用它来评估是否需要修一座立交桥。但用它来分析联合国维和行动是否值当就有些勉强。不过至少通过成本收益分析，所有的步骤都是透明的：其他学者可以质疑它、改进它，或者干脆嗤之以鼻。虽然不能指望决策者完全根据它来指导维和行动，但是它至少能平衡决策过程中的其他考量——毫无疑问，这些考量都是明察秋毫、精打细算和政治中立的。

我们的论文都可以在我的网站下载，其中绝大多数也已经发表在各学术期刊上。除了这些论文以外，我还参考了其他学者的著述。这些学术成果共同构成本书的基础。可能有些文章不那么好读，它们免不了有现代学术研究晦涩难懂的毛病。我在书中会避免这些问题，尽力写得生动有趣。但是当您在阅读时，请相信本书的论述严谨扎实（虽然不一定正确），也希望您能获得新发现而心潮澎湃：本书将带着您领略我的知识前沿，其收获毫不亚于苦读上述学术论文。

此外，与罗伯特·贝茨（Robert Bates）、蒂姆·贝斯利（Tim Besley）和托尼·维纳伯斯（Tony Venables）这三位学界泰斗的讨论使我受益匪浅。很可能他们读过本书后，会希望我获益更多——讨论可不意味着同意。最后，我最感谢的人，是我的妻子宝琳：不仅因为她一直是我生命的支柱，还因为她在我所研究的国家生活过，她的经历至少和我自己一样深刻。多亏她对我上一本书《最底层的10亿人》提出的温和而犀利的意见，使我大受刺激、奋力改过，才挽救我那差点毁于一旦的学术名声。结果看起来还不错。我希望她对这本书也有类似的帮助。

附录
最底层10亿人的国家

最底层10亿人的国家，指的是受困于四个"发展陷阱"之一的低收入国家。我在《最底层的10亿人》一书中剖析过四种制约这些国家发展的陷阱[1]。根据本世纪初的数据，以下名单即本书中所指的最底层10亿人的国家。对于公布这份名单，我本来很犹豫，怕这一来会造成对这些国家的刻板印象。毕竟所谓的发展陷阱并非铁一般牢固，而且有几个国家已经成功跳出陷阱。不过，公布这么一份名单有助于引导国际社会有的放矢地关注那些需要帮助的国家。

阿富汗　　　　　　　　乍得
安哥拉　　　　　　　　科摩罗
阿塞拜疆　　　　　　　刚果民主共和国（金）

---

[1] 作者在《最底层的10亿人》中剖析了制约贫困国家发展的四种陷阱，分别为战乱陷阱、自然资源陷阱、恶邻环绕的内陆陷阱以及小国劣政的陷阱。——译注

贝宁	刚果共和国（布）
不丹	科特迪瓦
玻利维亚	吉布提
布基纳法索	赤道几内亚
布隆迪	厄立特里亚
柬埔寨	埃塞俄比亚
喀麦隆	冈比亚
中非共和国	加纳
几内亚	缅甸
几内亚比绍	尼泊尔
圭亚那	尼日尔
海地	尼日利亚
哈萨克斯坦	卢旺达
肯尼亚	塞内加尔
朝鲜	塞拉利昂
吉尔吉斯共和国	索马里
老挝人民民主共和国	苏丹
莱索托	塔吉克斯坦
利比里亚	坦桑尼亚
马达加斯加	多哥
马拉维	土库曼斯坦
马里	乌干达
毛里塔尼亚	乌兹别克斯坦
摩尔多瓦	也门
蒙古	赞比亚
莫桑比克	津巴布韦

参考文献

本书的内容一部分是基于我自己的研究，一部分则仰仗其他学者的成果。我的学术论文都公布在个人网页上，可以通过谷歌搜索我的名字找到。本书中提到的研究成果如下：

作者本人

"Post-Conflict Reconstruction: What Policies Are Distinctive." *Journal of African Economies* (forthcoming).

"International Political Economy: Some African Applications." *Journal of African Economies* 17 (2008): 110–139.

"Implications of Ethnic Diversity." *Economic Policy* 16, no. 32 (2001): 127–166.

合作论文

With Anke Hoeffler

"Unintended Consequences: Does Aid Promote Arms Races?" *Oxford Bulletin of Economics and Statistics* 69, no. 1 (2007): 1–27.

"Civil War." In *Handbook of Defense Economics*, vol. 2, edited by Keith Hartley and Todd Sandler, 711–739. Amsterdam: Elsevier, 2007.

"Military Expenditure in Post-Conflict Societies." *Economics of Governance* 7 (2006): 89–107.

"Greed and Grievance in Civil War." *Oxford Economic Papers* 56, no. 4 (2004): 563–595.

With Anke Hoeffler and Dominic Rohner

"Beyond Greed and Grievance: Feasibility and Civil War." *Oxford Economic Papers* (forthcoming).

With Anke Hoeffler and Mans Söderbom

"Post-Conflict Risks." *Journal of Peace Research* (2008).

With Robert Bates, Anke Hoeffler, and Steve O'Connell

"Endogenizing Syndromes." In *The Political Economy of Economic Growth in Africa, 1960–2000*, edited by Benno Ndulu, Steve O'Connell, Robert Bates, Paul Collier, and Chukwuma Soludo, Cambridge: Cambridge University Press, 2008, 391–418.

With Dominic Rohner

"Democracy, Development and Conflict." *Journal of the European Economic Association* 6, nos. 2–3 (2008): 531–540.

With Christopher Adam and Victor Davies

"Post-Conflict Monetary Reconstruction." *World Bank Economic Review* 22 (2008): 87–112.

With Lisa Chauvet

"What Are the Preconditions for Policy Turnarounds in Failing States?" *Conflict Management and Peace Science* (2008).

With Lisa Chauvet and Havard Hegre

"The Security Challenge in Conflict-Prone Countries." In *Copenhagen Consensus*, 2nd edition, edited by B. Lomberg. Cambridge: Cambridge University Press, 2008.

其他学者的论文

Alberto Alesina and Eliana La Ferrara. "Ethnic Diversity and Economic Performance." *Journal of Economic Literature* 43, no. 3 (2005): 762–800.

Abigail Barr. "Trust and Expected Trustworthiness: Experimental Evidence from Zimbabwean Villages." *Economic Journal* 113 (2003): 614–630.

Tim Besley. *Principled Agents? The Political Economy of Good*

Government. Oxford: Oxford University Press, 2006.

Tim Besley and Masayuki Kudamatsu. "Making Autocracy Work." *CEPR Discussion Papers*, no. 6371 (2007).

Stefano DellaVigna and Eliana La Ferrara. "Detecting Illegal Arms Trade." *NBER Working Papers* no. 13355 (2007).

Avinash Dixit. *Lawlessness and Economics: Alternative Modes of Governance.* Princeton: Princeton University Press, 2004.

Azar Gat. *War in Human Civilization.* Oxford: Oxford University Press, 2006.

Patrick Geary. *The Myth of Nations: The Medieval Origins of Europe.* Princeton: Princeton University Press, 2002.

Philip Killicoat. "Cheap Guns, More War? The Economics of Small Arms." *M.Phil. economics thesis,* University of Oxford, 2006.

Mwangi Kimenyi and Njuguna Ndung'u. "Sporadic Ethnic Violence: Why Has Kenya Not Experienced a Full-Blown Civil War?" In *Understanding Civil War (Volume 1: Africa)*, edited by Paul Collier and Nicholas Sambanis. Washington, D.C.: World Bank, 2005, 123–156.

Edward Miguel. "Tribe or Nation? Nation-Building and Public Goods in Kenya Versus Tanzania." *World Politics* 56, no. 3 (2004): 327–362.

Colin Renfrew. *Prehistory: The Making of the Human Mind.* London: Weidenfeld and Nicolson, 2007